JACQUES D'ARS

CONTRE MAZARIN

(Épisode de la cabale des Importants)

DRAME HISTORIQUE EN TROIS ACTES

TROISIÈME ÉDITION

PARIS
J. BRICON ET A. LESOT, ÉDITEURS
10, RUE DE L'ÉPERON, 10
(Précédemment 49, rue de Tournon).

NSEIL GÉNÉRAL DE LA HAUTE-MARNE

PPORTS DU PRÉFET

ET ANNEXES

pport de la Commission départementale

OCÈS-VERBAUX

DES SÉANCES DU CONSEIL

ESSION D'AVRIL 1908

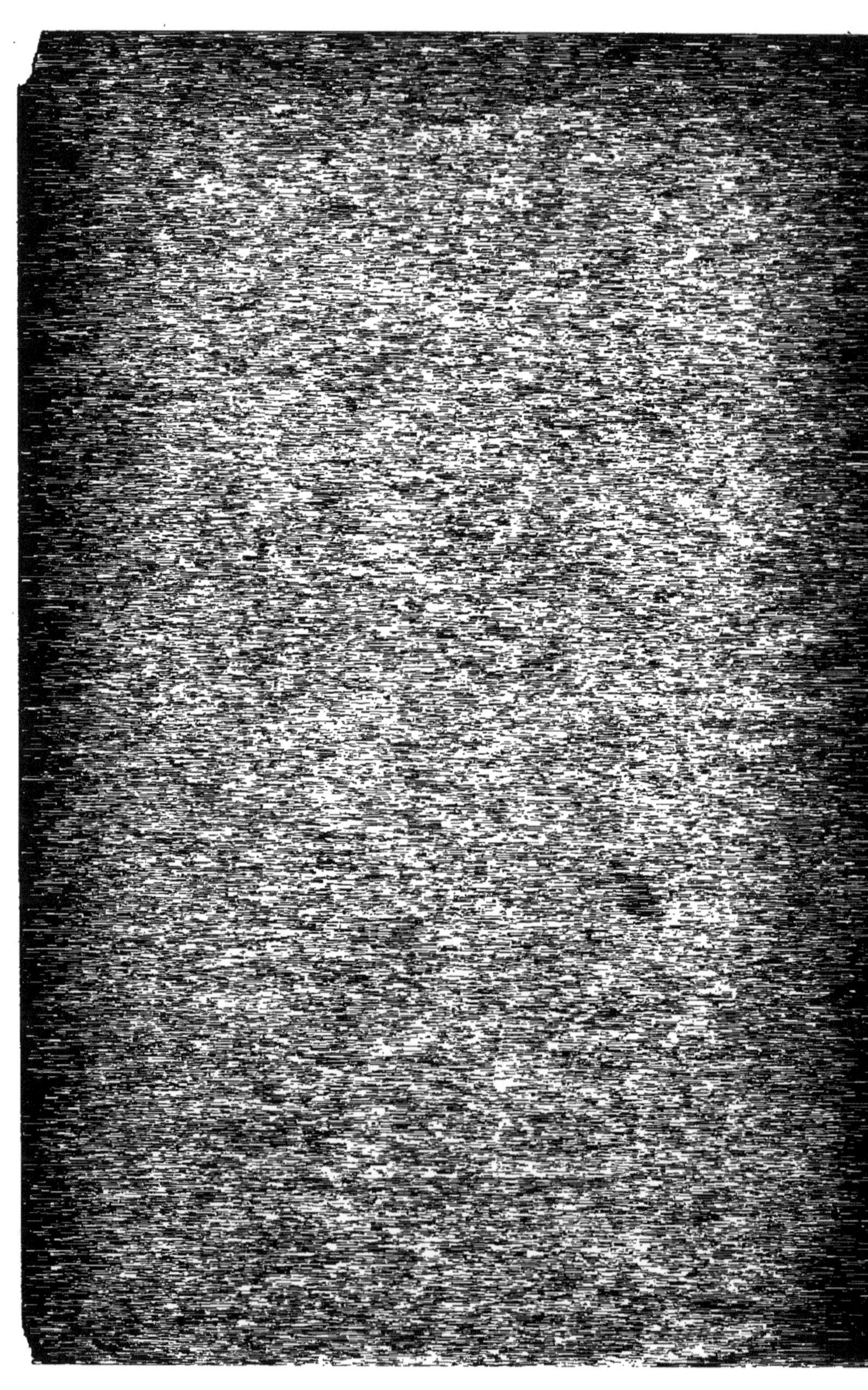

CONTRE MAZARIN

DRAME HISTORIQUE EN TROIS ACTES

Représenté pour la première fois à Paris, à la Société des Jeunes Gens de la paroisse Saint-Vincent-de-Paul, le 30 mai 1897.

DU MÊME AUTEUR

Pièces pour Jeunes Gens.

LE COFFRET

Comédie dramatique en 3 actes.................. 1 »

LA JEUNESSE DE CHARLES V

Drame historique en 4 actes...................... 1 »
Musique et accompagnement (grand format)....... 1 »

COUSIN CONTRE COUSIN

Comédie en 3 actes................................ 1 »

LA MESSE DE MINUIT

Mystère en 3 actes................................ 1 »

LE MAJOR TACTIC

Comédie bouffe en 3 actes........................ 1 »

ÉVOCATION

Monologue en vers.................................. 0 25

(Sur demande, envoi **franco** *du catalogue).*

CHAUMONT. — Typographie et Lithographie CAVANIOL.

CONTRE MAZARIN

(Épisode de la cabale des Importants)

DRAME HISTORIQUE EN TROIS ACTES

PAR

JACQUES D'ARS

TROISIÈME ÉDITION

PARIS
J. BRICON ET A. LESOT, EDITEURS
10, RUE DE L'ÉPERON, 10
(Précédemment 19, rue de Tournon).

1909

PRÉFACE

L'année 1643 fut fertile en événements importants. — Ce fut d'abord la victoire de Rocroi, remportée par le duc d'Enghien sur les Espagnols, qui permit d'entrevoir le jour où la France serait la première des nations civilisées ; ce furent aussi la mort de Louis XIII et l'arrivée de Mazarin au pouvoir. Ces derniers faits marquèrent une politique nouvelle qui, au début, rencontra une vive opposition et se heurta à des cabales de toutes sortes, dont la plus célèbre fut celle des Importants. Il nous a semblé utile de donner quelques explications sur cette dernière affaire qui a servi d'intrigue à la présente pièce.

A la mort de Louis XIII, la reine Anne d'Autriche, sa veuve, mère d'un petit roi de cinq ans, se trouvait dans une étrange situation. Elle devait, dans son propre intérêt, dénouer tous les fils d'une intrigue dont elle avait jadis été la première instigatrice, lorsqu'elle était éloignée du pouvoir. Elle avait à redouter tous ses anciens amis, avec lesquels elle avait conspiré contre Richelieu. Elle se trouvait vis-à-vis d'eux dans une position délicate : à la fois capable de les satisfaire et de tenir enfin ses promesses, et en même temps presque résolue à n'en rien faire. Toutefois, par un louable scrupule d'amitié, elle se crut obligée de rappeler à la Cour la célèbre duchesse de Chevreuse. Celle-ci était aussi belle qu'intrigante ; femme d'un tempérament romanesque, très changeante, très emportée, elle était véritablement faite pour la politique d'antichambre, toute de petitesses et de personnalités. Elle était volontaire, elle était implacable dans ses ressentiments, elle n'était pas mauvaise cependant. A peine de retour, la duchesse s'adjoignit sa belle-mère, Madame de Montbazon, qui se remuait beaucoup, le duc de Beaufort, qui était hardi et frivole, puis toute une troupe de gentilshommes inoccupés, MM. de Villeroy, Varicarville, Montrésor, de Campion, de Saint-Ybar. Ils formèrent un parti : les Importants, surnommés ainsi, parce qu'ils avaient toujours l'*air de s'en aller pour quelque affaire d'importance* comme dit Madame de Motteville ; — parti qui se proposait d'obtenir de la régente des faveurs de toutes sortes et de gouverner à sa place. Ils avaient compté sans un homme, un jeune ministre, avec lequel allait s'engager un duel de tous les instants : Jules Mazarin, italien de naissance, ami et fidèle disciple du cardinal de Richelieu, qui l'avait, à sa mort, désigné comme son successeur. Anne d'Autriche l'accepta d'abord avec répugnance, moins pour sa personne qui ne lui était pas désagréable, qu'en raison de ce qu'il était le continuateur de la politique de Richelieu. — En dépit de tout ce qu'on a dit contre lui, il faut admirer cet homme qui, au mois de mai 1643, entra au ministère, comptant des ennemis partout, et parmi eux la régente même, et qui, au mois de septembre de la même année, était arrivé à imposer son autorité au-delà de tout ce qu'il espérait, et pouvait enfin travailler à la prospérité de la France, loyalement et sans arrière-pensée. — Ses ennemis, il faut le dire, le servirent à souhait. D'abord ils répandirent une calomnie odieuse sur le compte de la duchesse de Longueville, jeune femme charmante et de grand esprit, sœur du duc d'Enghien, fille des Condé et amie personnelle d'Anne d'Autriche. Celle-ci ne pardonna jamais entièrement aux

Importants, qui avaient été les auteurs de ce méchant complot. Partout aussi on noua des intrigues toujours basses, souvent stupides, dans tous les coins, dans toutes les alcôves du Louvre. Au contraire de tout cela, le talent réel, la souplesse toute italienne, la douceur même de Mazarin furent cause qu'il sut gagner l'esprit de la régente, enfin touchée par tant de qualités si utiles pour tout gouvernement. Déjà la reine inclinait ouvertement vers son ministre, déjà elle abandonnait ses mauvais amis, quand des circonstances graves vinrent précipiter les événements et mettre toutes choses au clair.

Dans un conciliabule secret, Beaufort, Mesdames de Chevreuse et de Montbazon avaient décidé la mort de Mazarin, qui les gênait décidément tout à fait. Une première fois, on attenta à sa vie dans la forêt de Montmorency : il ne dut son salut qu'à la présence, dans son carrosse, du duc d'Harcourt, ambassadeur de France et personne inviolable. Une seconde fois, se rendant à Maisons, pour y visiter le premier président, il fut attaqué traîtreusement, et eut été infailliblement tué sans l'arrivée subite de Gaston d'Orléans, frère cadet de Louis XIII. Enfin, la dernière fois, le 1er septembre 1643, son hôtel particulier, l'hôtel de Clèves, situé entre la rue Saint-Honoré et la rue du Champ-Fleury, fut entièrement cerné par des bandes armées. Le cardinal devait se rendre au Louvre, en voiture, mais averti à temps, il ne sortit pas et déjoua les calculs de ses ennemis. Ce dernier attentat indigna tout le monde ; le lendemain de ce jour, Mazarin se rendit au Conseil, escorté par plus de trois cents gentilshommes qui lui faisaient une garde d'honneur. Il obtint de la régente, fatiguée des Importants, tout ce qu'il voulut : d'abord l'arrestation des meneurs, et aussi l'exil de la duchesse de Chevreuse, âme de la conspiration. L'emprisonnement de Beaufort fut un coup de théâtre; il semblait au-dessus des partis et presque inviolable en raison de son rang et de sa popularité. Ces actes d'énergie débarrassèrent pour un temps la Cour et le Cardinal des mécontents de toutes sortes; mais ceux-ci devaient reparaître cinq ans plus tard, en 1648, et cette fois élever des barricades et déchaîner la guerre civile.

Il y avait bien dans ces derniers faits matière à une étude quelque peu dramatique. Madame de Motteville, d'ailleurs dans de célèbres mémoires, Victor Cousin, dans sa *Vie de Madame de Chevreuse*, nous ont relaté des particularités si curieuses sur cette époque, qu'il nous a semblé possible de les retracer en partie et de les joindre à une action scénique.

Tel a été le plan de ce nouveau drame, qui n'a que deux simples prétentions: la première est d'intéresser, d'instruire même, le jeune et sympathique public auquel il s'adresse; la seconde, est de lui procurer l'occasion de faire, par une heureuse interprétation, quelque peu œuvre d'art et de moralisation.

A MONSIEUR ÉDOUARD OSSO

PERSONNAGES

GASTON D'ORLÉANS	....	MM. ODET.
MAZARIN	....	HUTTEAU.
MONTAIGU, son secrétaire	....	† SOSSET.
DE JERMONT, ambassadeur des Provinces-Unies	....	ROULEZ.
PAW, son secrétaire	....	GOURDIN.
DE BEAUFORT,	gentilshommes des Importants............	BICHARDZON.
DE VILLEROY,		DELMAS.
VARICARVILLE,		COLLIN.
DE SAINT-YBAR,		MONGIN.
MARCEL AIMÉ, son valet, 18 ans,	....	ED. OSSO.
UN TAVERNIER	....	HUYOT

Gentilshommes, Piqueurs, Soldats, Valets.

MM. HUGOT, DOUET A., CARL, DOUET J., GALLAIS, GÉRARD.

La scène se passe à Paris, et dans les environs, aux mois d'Août-Septembre 1643.

CONTRE MAZARIN

(Épisode de la cabale des Importants)

DRAME HISTORIQUE EN TROIS ACTES

ACTE PREMIER

Une chambre dans une chaumière en forêt, au Bouquet de la Vallée, dans les bois de Montmorency. — Au fond, une porte donnant au dehors ; à gauche, une entrée sur une pièce voisine ; à droite, une table, des chaises. — Une horloge, des armes au mur. — C'est la nuit !

SCÈNE I

SAINT-YBAR, MARCEL

SAINT-YBAR, *tenant une bourse.*

Un denier... deux... trois !... (*Il compte*)... Malepeste ! ça ne va que jusqu'à dix ! — Tu entends, Marcel ?

MARCEL, *distrait, assis.*

Oui, Monsieur, j'entends !

SAINT-YBAR

C'est tout ce qui nous reste !... Et il ne faut pas compter que j'aie quelque crédit aux banques de Venise ou d'Amsterdam !... Dans ma profession actuelle, cela est impossible ! — Tu entends, Marcel ?

MARCEL

Oui !

SAINT-YBAR

Mes affaires sont dans le marasme, voilà tout !... c'est comme celles de l'Etat. — Voyons un peu mes comptes depuis l'année jusqu'à ce jour. (*Il prend un cahier de comptes et le parcourt.*)... Dépenses d'abord ! (*Lisant*) : Deux pistolets italiens, trois flamberges, cinq poignards damasquinés : 60 livres. — Quinze barriques de vin, rhum, etc... (*A part.*) Ça c'est cher, mais c'est indispensable. — (*Lisant*) :... Nous disons : 800 livres. — Enfin, tous autres frais, subsistances, chandelles et tabac... ça se monte en tout environ à 3.000 livres ! — Tu comprends ?

MARCEL

Oui !

SAINT-YBAR

Trois mille livres... dans lesquelles tu comptes certainement pour beaucoup trop —... Et voyons un peu les recettes !... (*Riant.*) Oh ! oh ! des recettes peu ordinaires !... (*Lisant*) : Le 2 février 1643, jour de la Chandeleur, attaqué et dévalisé le courrier de Pontoise à Paris, au lieu dit la Croix de Bois... Recette : 500 livres... (*A part.*) Presque rien ! — Le 5 avril, près de l'étang, trouvé sur un noyé quatre bagues, or et rubis, vendues chez Alain, bijoutier, rue Quincampoix, pour la somme de 1.400 livres !... C'était mieux ! — Le 27 mai, pris sur une des suivantes de la duchesse de Longueville trois colliers de perles, et demandé une forte rançon pour rendre la femme ! — pas les perles ! — Recette : 3.000 livres. — Le 15 juin : dérobé trois chandeliers d'autel — que j'avais pris pour de l'or, mais qui étaient en cuivre — vendus : 25 livres... une misère ! — Le 1er juillet —... ah ! çà ! c'est ma meilleure affaire de l'année ! — Ecoute ça ! Marcel ! — Le 1er juillet, assassiné...

MARCEL

Oh ! c'est affreux !

SAINT-YBAR

Eh ! quoi ! ça te gêne !... Espèce de freluquet mouillé à l'eau de senteur !... Espèce de petit-maître de cour !...

Tant pis si ça te gêne. — (*Lisant*) : Assassiné Monsieur le capitaine des gardes d'Epernon, qui s'en revenait d'un banquet ayant bu plus que de coutume... Recette, armes, bourse et bijoux : 5.000 livres.

MARCEL, *à part*.

Le malheureux !

SAINT-YBAR

Total des recettes : 9.925 livres... mis en balance avec les dépenses qui se montent à 3.000 livres... Oh ! mais il devrait me rester quelque chose !... Je n'ai plus rien : c'est étrange !... (*Réfléchissant.*)... Bah ! c'est que je fais plus de dépenses que je n'en compte !... Oui ! mais sais-tu quelle est la conclusion de tout cela ?

MARCEL

Eh bien ?

SAINT-YBAR

Eh bien ! c'est qu'il nous faut faire ce soir, ou demain quelque superbe coup !

MARCEL

Encore...

SAINT-YBAR

Comment encore ?... Tu débutes à peine dans le métier, et tu es déjà fatigué ?... Je ne te comprends pas.

MARCEL

Ah ! vous savez bien que j'accomplis avec répugnance la besogne que vous me donnez... Je vous l'ai déjà dit, Monsieur de Saint-Ybar, j'avais toujours cru que j'étais votre valet... et pas autre chose !

SAINT-YBAR

Malepeste ! tu plaisantes !... Mon valet, c'est juste ; mais aussi mon aide... mon complice.

MARCEL

Jamais !

SAINT-YBAR

Jamais !... Mais tu l'as été déjà... Tu as fait le guet plusieurs fois, tu as braconné, tu as volé dans les fermes.

MARCEL

C'est vrai ! mais je n'ai fait que cela !

SAINT-YBAR

Justement ! il faut maintenant commencer à faire autre chose... de mieux !... Notre métier, à l'époque présente, n'est pas si désagréable que tu crois : on a plus peur de nous que nous n'avons peur des autres, et notre vie s'écoule bien tranquille et bien remplie !... Veux-tu connaître mon histoire en deux mots ?.. Sous le règne du défunt roi Louis XIII, j'étais à la Cour... je passais mon temps en complots, en intrigues... comme tant d'autres... comme Chavigny, comme Barrière... Nous écoutions aux portes, nous étions partout, dans les couloirs, dans les coins, presque dans les alcôves ; nous avertissions les uns, nous dénoncions les autres ; nous allions même quelquefois plus loin que ça !.. Puis, nous jurions, vingt fois par jour, la mort du Richelieu... tandis que la belle duchesse de Chévreuse, qui était l'âme du parti, nous appelait des Brutus et des héros !... C'était tout à fait charmant !... Eh bien ! après dix ans de cette vie brillante, j'en avais assez !

MARCEL

Vraiment !

SAINT-YBAR

Oui ! ça ne rapportait rien... et puis c'était dangereux ! — J'ai tout quitté... et je me suis retiré ici, où je vis en philosophe, comme tu peux voir... Je chasse, je sers les quelques voyageurs qui entrent ici, je les dévalise au besoin : je suis très heureux comme ça... Enfin, j'ai gardé des relations à la Cour avec quelques seigneurs, avec des amis, avec Beaufort lui-même qui me traite en camarade et m'appelle en riant : le gentilhomme-loup.

MARCEL

Ah ! ce duc de Beaufort, dont...

SAINT-YBAR

Oui !... dont on parle tant !... Jeune, beau garçon, très remuant, prince de sang royal, sans scrupules, et chef de parti... Ils sont toujours chefs de parti, ces gens-là !

MARCEL

Quel parti ? celui des Importants ?

SAINT-YBAR

Oui ! les Importants... comme tu les appelles ; — on dirait vraiment que tu lis la gazette. — Eh bien ! je travaille pour eux ;... ce capitaine assommé... c'était pour Beaufort !... Aujourd'hui, demain peut-être, qui sait !.. il va nous tomber de l'ouvrage... et bien payé, comme tu penses !... (*Gai.*) De la sorte, on vit très occupé, on ne s'ennuie pas... on gagne de l'argent... Je ne vois pas, mon cher, ce qui peut te gêner tant soit peu.

MARCEL

C'est une existence horrible, Monsieur !

SAINT-YBAR

Imbécile ! laisse donc là tes raisons, tes sentiments !... Sois donc un peu sérieux !... sois homme ! — Tiens, je veux te débrouiller un peu... le prochain coup à faire, ce sera pour toi !

MARCEL

Oh !

SAINT-YBAR

Si ! il faut te faire la main !

MARCEL, *ému.*

Je vous en prie, plus tard !

SAINT-YBAR

Mais non !... Pourquoi ?

MARCEL

Parce que ce serait à contre-cœur ;... et puis, je ne saurais pas... je n'oserais pas !

SAINT-YBAR

Ah ! en voilà assez !... que tu le veuilles ou non, il faut bien que tu apprennes ton métier !... Tu ne peux pas faire autrement, n'est-ce pas ? C'est ta vie, c'est ton pain... Si je t'abandonnais sur les routes, demain tu serais arrêté comme vagabond... et puis emprisonné au Petit-Châtelet... Tu serais bien avancé de m'avoir quitté !

MARCEL

Hélas !

SAINT-YBAR

Tu vois bien !... Tu ne peux pas lutter contre la fatalité !... Il y a des destinées pour chaque homme : tu étais né pour cela !

MARCEL

Moi ! mon Dieu !... Ah ! jamais, Monsieur !... Là-bas, au pays, j'avais une famille qui était bien pauvre, mais bien honnête aussi... Tout petit, j'allais aux champs, je faisais la moisson ou les vendanges sous le regard aimé de mes vieux parents : — et le spectacle de la nature me remplissait de joie et ne me donnait que de bonnes pensées... Je me rappelle la campagne, je me rappelle mes petits villages du Morvan avec leurs humbles clochers, et leurs mœurs si simples... Tout le monde y était honnête et bon, Monsieur !... Jamais, dans le pays, de mémoire d'homme, on n'avait vu un pauvre petit gars qui se fût perdu ou qui eût mal tourné !... Ah ! je me rappelle les enfants de l'école, les batailles et les jeux... Je me rappelle comme j'étais heureux !...

SAINT-YBAR

Et moi ! je me souviens qu'en un de mes voyages je te rencontrai sur une route, n'ayant pas mangé depuis trois jours, presque nu, grelottant de fièvre et de froid !...

MARCEL

Oui ! c'est vrai !

SAINT-YBAR

Et je me souviens que je te donnai du pain, quelques sous... et te procurai du travail.

MARCEL, *à part.*

Quel travail !

SAINT-YBAR

Tu vois que je n'étais pas si mauvais que ça !... Et puis, j'avais besoin de quelqu'un de jeune, d'actif, d'intelligent, comme toi !... Pour cet ouvrage, dont d'autres n'auraient pas voulu, il me fallait bien prendre un malheureux, sans argent et sans lendemain !... Tu étais comme cela, toi !

MARCEL

Ah ! oui !... Les économies de mon père avaient disparu, engouffrées par de rudes hivers ; lui-même était parti pour la guerre, là-bas, en Italie... et n'était jamais revenu !... Et la mère, si bonne... était tombée malade... Et la mère était morte, Monsieur !

SAINT-YBAR

Ah !

MARCEL, *ému.*

Le lendemain, je m'étais trouvé sans rien .. rien que sa dernière parole : « Pauvre petit, je te laisse seul sur la terre ! aie bien soin de rester toujours honnête et bon !... » (*Pleurant.*)... Hélas ! je n'ai pas même pu garder cela !... j'ai tout appris ici, le mal et l'inconduite !... Mon Dieu ! j'ai volé !

SAINT-YBAR, *à part.*

Décidément, il m'ennuie !... (*Haut.*)... Dis donc ! tu sais !... je n'aime pas le sentiment !... je n'ai pas le temps d'en faire !... Tiens ! prends une goutte de rhum, imbécile ! et laisse tes idées de côté. (*Il lui verse à boire.*)... C'est ton curé qui t'apprenait tout ça ?

MARCEL, *souriant.*

Oui !

SAINT-YBAR, *avec bonhomie.*

Je savais bien !... tous les mêmes !... Eh ! bonhomme ! qu'est-ce qui m'a colloqué une demoiselle comme ça !... Voyons, il faut être brave !

MARCEL

Oh ! j'essaierai !

SAINT-YBAR

Tiens ! encore un coup ! (*Il verse de nouveau.*)... Je m'en vais te faire rire... (*Criant.*) A la santé du Mazarin...

MARCEL, *riant.*

Ah ! ah ! ah !... Le Mazarin !

SAINT-YBAR

Ça t'amuse, le Mazarin ! hein ?... Tu sais ce qu'on en dit ? tu as lu la Gazette et les Mazarinades...

MARCEL

Je crois bien !

SAINT-YBAR

Mazarin !... aujourd'hui, premier ministre de la régente Anne d'Autriche, lui qui était autrefois simple capitaine dans la Valteline... L'homme le plus souple que l'on puisse voir, à la parole flatteuse et dorée ; l'homme le plus fin, le plus habile, et l'homme le plus moqué de France !... Avec tout cela, cardinal, au titre séculier, c'est-à-dire qu'il porte une robe et un chapeau rouges et qu'il n'en est pas plus prêtre pour cela !... (*Riant.*) Ah ! ce Mazarin !... Ce qu'on le met à toutes les sauces !... Tiens ! écoute moi ça !

On dit peut-être, on dit mal (1),
Que la grande armée de Flandre
Ne prend rien, mais ne fait que rendre !
Au contraire du cardinal,
Qui prend tout et ne veut rien rendre !

(1) Voir Notes historiques à la fin de l'ouvrage.

MARCEL

C'est bien tourné !

SAINT-YBAR

N'est-ce pas?. . Oh ! ce serait un homme parfaitement heureux, s'il n'y avait quelques points noirs à l'horizon de son existence...

MARCEL

Que voulez-vous dire ?

SAINT-YBAR

Je veux dire qu'il a des ennemis impitoyables !... ce parti dont nous parlions tout à l'heure... les Importants !

MARCEL

Ceux que vous servez !

SAINT-YBAR, *buvant avec excès.*

Oui ! que nous servons, pour être juste !... Car, nous les servons, après tout !... Nous ne sommes pas de vulgaires bandits;... nous faisons de la politique, voilà tout !

MARCEL

Ah ! c'est de la politique...

SAINT-YBAR

Mais oui ! nous aussi, nous sommes des Importants ! (*Il se lève.*) Mais dis donc, mon gars ! c'est le moment d'aller te coucher : il est déjà neuf heures de la nuit !

MARCEL

Oui !

SAINT-YBAR, *très gai.*

Allons ! ne pense plus à tes imaginations, grand nigaud ! Encore un verre, pas vrai ? A la santé de Mazarin !... Bonsoir ! tu vas coucher ici, toi !... Si quelqu'un venait, tu m'appellerais !

MARCEL

Bonsoir, Monsieur !

SAINT-YBAR

Comme tu es fier! Viens donc m'embrasser... comme si j'étais ton père!

MARCEL, *avec répugnance.*

Mon père!

SAINT-YBAR, *grisé.*

Eh! allez donc! Vive le Mazarin! (*Il trébuche et sort.*)

SCÈNE II

MARCEL, *seul*, PUIS SAINT-YBAR, *rentrant.*

MARCEL, *ouvrant la porte qui donne sur la forêt.*

Quelle belle nuit! .. Une nuit du mois d'août! Ce sont les seuls instants où je suis heureux!... quand il dort, et que je me retrouve en face de moi-même... délicieusement apaisé par le calme profond de cette immense forêt! — Ah! la nature, avec sa poésie et ses mystères, est meilleure à l'homme que ses propres semblables!... Tiens, il me semble que je vois... non! ce ne sont que des ombres! Mais si! ce sont des vivants... deux cavaliers!... Ils descendent de cheval, ils ont l'air de chercher quelque chose... Impossible de distinguer leurs traits; ils sont couverts jusqu'aux yeux!... Ah! ça! mais ils viennent ici! (*Allant à la porte de gauche.*) Eh! Monsieur! voilà du monde!

SAINT-YBAR, *entrant.*

Des voyageurs! attention! Toi, dis comme moi, n'est-ce pas?

SCÈNE III

LES MÊMES, PLUS MAZARIN ET MONTAIGU

SAINT-YBAR, *sur la porte.*

Ah! Messieurs! entrez donc! (*Il salue. — Montaigu et Mazarin entrent précipitamment. — Ce dernier est en costume laïque : habit et manteau noirs, chapeau à plumes, le ruban bleu et la croix du Saint-Esprit autour du cou.)*

MONTAIGU, *brusque.*

C'est ici le Bouquet de la Vallée ?

SAINT-YBAR

Oui ! Monsieur !

MONTAIGU

Et nous sommes ici chez qui ?

SAINT-YBAR

Oh ! chez un ami... chez un pauvre bûcheron gagnant honnêtement sa vie au service de Sa Majesté.

MONTAIGU, *montrant Marcel.*

Et ce jeune homme ?

SAINT-YBAR

C'est mon valet !

MONTAIGU

Tu peux nous prêter ta chaumière ?

SAINT-YBAR

Cela dépend pour quoi, Monsieur !

MONTAIGU

Pour un simple rendez-vous... Nous attendons ici deux personnes de qualité avec qui nous devons avoir un entretien secret.

SAINT-YBAR, *à part.*

Qu'est-ce que c'est que ce monde-là ?... (*Haut.*) Eh ! je ne sais trop !

MONTAIGU

Allons ! décide-toi ! — Tiens ! voilà cent livres !...

SAINT-YBAR, *empressé.*

Cent livres ! Oh ! Monsieur, tout ce que vous voudrez pour ce prix-là ! Voici une table, des sièges, de la chandelle... du vin, si vous voulez... et de l'eau !

MONTAIGU

Bien ! bien ! l'important c'est que nous puissions causer !... (*A Mazarin.*) Est-ce que Votre...

MAZARIN

Chut !

SAINT-YBAR

Voulez-vous que je vous donne encore...

MONTAIGU

Donne-nous surtout la paix, n'est-ce pas ?

SAINT-YBAR, *à part.*

Il n'est pas poli !... Ce doivent être des gens de la Cour ! (*Haut.*) Si ces Messieurs le désirent, je vais allumer une autre chandelle pour mettre sur la table.

MONTAIGU

Allons ! va !

SAINT-YBAR, *apportant la lumière et regardant Montaigu.*

(*A part.*) Il a une bague superbe. Qu'est-ce que ça peut être que ces gens-là ! (*Haut.*) Vous devez être bien fatigués, Messieurs, vous venez de loin, sans doute ?

MONTAIGU

De très loin !

SAINT-YBAR

De Paris, sans doute ?... ou bien de Saint-Germain... ou bien de Saint-Denis !...

MONTAIGU

Cela t'intéresse ?

SAINT-YBAR

Et vous allez à Pontoise ?

MONTAIGU

Diable de curieux ! voilà encore 50 livres !... Voyons, pour 150 livres, tu peux bien nous donner la paix ?

SAINT-YBAR

Messieurs ! excusez ! (*A part.*) Ils ont de l'argent avec ça !

MONTAIGU

Va-t'en ! et n'entre ici que lorsqu'on t'appellera !

SAINT-YBAR

Voilà ! Messieurs ! je m'en vais! je m'en vais ! (*A part.*) Il est sûrement de la Cour !... mais l'autre, le noir, qui ça peut-il être ?

MONTAIGU, *s'emportant.*

Palsembleu ! c'est trop fort ! encore ici !

SAINT-YBAR

Ah ! je sors !... Allons ! va donc, Marcel ! qu'est-ce que tu fais là ? En voilà un curieux ! (*Saint-Ybar et Marcel sortent par la porte de gauche.*)

SCÈNE IV

MAZARIN, MONTAIGU

MAZARIN, *doucement.*

Vous avez tort, Montaigu, de vous emporter comme cela !... Vous ne ferez jamais un bon diplomate.

MONTAIGU

Pardonnez-moi, Éminence ! mais je suis tellement énervé ce soir...

MAZARIN

Il ne faut jamais l'être !... Et pourquoi l'êtes-vous ?

MONTAIGU

Pourquoi ? — Mais, en raison de ce mystère dans lequel vous me conduisez ;... mais en raison de cette course, la nuit, à travers les bois, qui se termine par notre arrivée ici, dans un endroit écarté... où vous vous rendez sans défiance, comme s'il s'agissait d'y faire un souper, alors que peut-être vous tombez dans une embuscade !

MAZARIN

Je ne redoute rien, ni personne en ce moment !

MONTAIGU

Vous avez tort !...

MAZARIN, *avec une fine bonhomie.*

Pourquoi ?... Et puis, vous oubliez toujours que j'ai deux bons atouts dans mon jeu : le premier, c'est que je suis né coiffé et avec deux dents (2), ce qui est une marque de chance ; le second, c'est que mes ennemis ne sont ni si forts, ni si adroits que moi !

MONTAIGU, *souriant.*

Oh ! je ne conteste pas votre premier... atout, mais pour le reste, je suis moins tranquille.

MAZARIN

Quoi ! mes ennemis ?

MONTAIGU

Oui ! les Importants sont forts : leur nombre et leur audace croissent de jour en jour. Madame de Chevreuse, sa belle-mère Madame de Montbazon, ne cachent même plus leur dépit et leurs projets contre vous. Elles ont avec elles bon nombre de gentilshommes, les uns subjugués, les autres intrigants. Le duc de Beaufort, les Guise, Nemours, le marquis de Villeroy s'agitent à la Cour d'une façon extraordinaire, répandant sur votre compte les plus vilaines calomnies... Un certain Saint-Ybar surtout, que l'on a perdu de vue depuis longtemps, est, paraît-il, prêt aux plus sanglantes besognes.

MAZARIN

Saint-Ybar, celui qui tenta d'assassiner le cardinal de Richelieu ? (3).

MONTAIGU

Oui ! celui-là même !... Et, parmi les princes du sang, Gaston d'Orléans lui-même, oncle du jeune roi Louis XIV,

MAZARIN

Monsieur ?... mais je suis en très bons termes avec lui. D'ailleurs, il sera toujours forcé d'être avec moi : sa qualité de lieutenant-général du royaume et de chef du Conseil de régence, en fait l'allié nécessaire d'un premier ministre... Et puis, il est assez indolent : les plaisirs de toute sorte l'occupent beaucoup plus que la politique.

MONTAIGU

Mais la reine Anne d'Autriche ? Elle écoute les Importants avec complaisance !

MAZARIN

Croyez-vous ? Depuis cette affaire du billet, où Madame de Chevreuse essaya de ternir, d'une façon stupide, l'intègre réputation de la duchesse de Longueville, sœur du vaillant duc d'Enghien et fille des Condé ; depuis ce jour, la régente a bien changé d'idée à leur égard.

MONTAIGU

En vérité !

MAZARIN

Oui ! — Vous n'ignorez pas que j'ai pour amis les Condé, tout-puissants depuis la victoire de Rocroi. Ils ont beaucoup travaillé pour moi, dans l'esprit d'Anne d'Autriche. Celle-ci avait d'abord commencé par me... bouder, à cause des souvenirs qui me liaient au cardinal de Richelieu, dont elle avait jadis été l'ennemie. Mais peu à peu, j'ai su regagner l'esprit de cette femme : tout doucement, sans qu'elle y prît garde, je lui ai inculqué, sur le rôle d'une souveraine, mes propres pensées... J'essayai de lui faire comprendre qu'il y avait deux choses dans le pouvoir suprême : les titres et les honneurs qu'elle pouvait garder... et l'administration même de l'État, dont elle devait se reposer sur un autre... Anne d'Autriche, Monsieur, n'est pas seulement une femme bonne et pieuse, c'est encore une femme intelligente ; elle comprit ce que je lui disais et elle remit entre mes mains les affaires du royaume...

(*Se levant lentement.*)... Je vous assure, Monsieur, que du jour où je les acceptai, je me résignai à n'avoir plus de repos; mais c'était pour la gloire et pour le plus grand bien de la France... et je n'ai pas hésité.

MONTAIGU

Je le crois, Éminence !

MAZARIN

Depuis, j'ai encore gagné du terrain, et mes ennemis en ont perdu.... Chaque jour, au petit Conseil, je vois la régente... je sais qu'elle est disposée à me soutenir jusqu'au bout.

MONTAIGU

Et savez-vous aussi jusqu'à quel point on vous en veut ?

MAZARIN, *avec calme.*

Jusqu'à la mort, je le sais!... Tenez, écoutez ceci : ce sont des tablettes sur lesquelles je note mes impressions... (*Il tire un carnet de sa poche.*) A cette page, voici ce que j'ai écrit : « Madame de Chevreuse les anime tous : elle dit que si l'on ne prend pas la résolution de se défaire de moi, les affaires n'iront pas bien »! (4)... C'est clair ! et plus loin : « Je reçois mille avis de prendre garde à moi ! — On trame certainement quelque chose contre moi, on parle de me prendre dans le faubourg Saint-Germain. » (*Fermant le carnet avec amertume.*) Oh ! ces gens-là ne savent pas que j'ai la vie dure... tout comme les chats !

MONTAIGU

Enfin, puisque tels sont les événements, je ne me sens rassuré ici ni pour vous, ni pour moi !

MAZARIN

Bah! s'il y eût eu un danger véritable, je ne serais pas venu... Personne au monde ne sait où je suis en ce moment, sauf l'ambassadeur des Provinces-Unies que nous attendons ce soir même.

MONTAIGU

Quoi! c'est pour cela que nous sommes venus?

MAZARIN

Oui!

MONTAIGU

Comment! c'est ici que vous lui donnez audience?

MAZARIN

Oui! pour une affaire très secrète qu'il n'a voulu traiter ni au Louvre, ni dans ma demeure à l'hôtel de Clèves... de peur des indiscrétions sans doute!

MONTAIGU

C'est un homme bien prudent!

MAZARIN

Ce doit être un grand diplomate!

MONTAIGU

L'affaire est sans doute très grave!

MAZARIN

Je ne le sais pas encore! (*On frappe des coups à la porte.*)... Tenez, le voilà!

MARCEL, *accourant.*

Voilà! voilà!

MONTAIGU

Soyez plus poli, mon garçon!... pour un ambassadeur!

MARCEL, *à part.*

Un ambassadeur! Mais qui sont ces gens-là? (*Il ouvre la porte.*)

SCÈNE V

LES MÊMES, PLUS DE JERMONT, PAW

DE JERMONT, *entrant, prononciation tudesque.*

C'est ici le Bouquet de la Vallée, jeune homme?

MARCEL

Oui, Monsieur!

DE JERMONT

Bien!... Va donc à l'environ des chevaux, jeune homme!

MARCEL

Oui, Monsieur!

MONTAIGU, *bas à Marcel.*

Écoute ici!... Tu iras plus loin que les chevaux, tu surveilleras bien les alentours et si tu vois quelque chose de suspect, reviens de suite nous avertir! Va!... et sois discret.

MARCEL

Bien! comptez sur moi, Monsieur!

DE JERMONT, *après s'être débarrassé de son manteau.*

Son Excellence le cardinal Mazarin?...

MONTAIGU

Mais, Messieurs! c'est...

MAZARIN, *bas à Montaigu.*

Doucement! demandez-lui d'abord ses papiers!

MONTAIGU, *à de Jermont.*

Monsieur! à qui avons nous l'honneur?...

DE JERMONT

C'est moi! Monsieur de Jermont, ambassadeur extraordinaire des Provinces-Unies.

PAW

Et c'est moi! son secrétaire extraordinaire Paw. (*Ils se saluent tous quatre profondément.*)

MONTAIGU

Est-ce que Votre Excellence a sur elle ses lettres de créance?

DE JERMONT

Sais-tu si tu as ces lettres, Paw?

PAW

Je sais que oui!... Tiens, les voilà! (*Il les tire et les donne à Montaigu.*)

MONTAIGU, *lisant.*

Simple formalité diplomatique !.... Parfait ! Messieurs, asseyons-nous ! (*Ils s'assoient tous quatre à la table.*)

DE JERMONT, *à Montaigu.*

Excellentissime Cardinal....

MONTAIGU

Ce n'est pas moi !

DE JERMONT

Pardon !... Il est bien ici toutefois ?

MAZARIN, *souriant.*

C'est moi, Monsieur ! — (*A part.*) Ce diplomate prend un air maladroit, il faut s'en méfier !

DE JERMONT, *avec emphase.*

Excellentissime Cardinal ! pardonnez-moi, n'est-ce pas donc, de vous avoir donné ce rendez-vous, dans cette forêt;... mais j'avais à vous parler de choses si fines et si lourdes, que je redoutais l'indiscrétion de vos cabinets privés.

MONTAIGU, *à Mazarin.*

Comme il parle un singulier français !

MAZARIN

Il a des mots à lui !

PAW, *bas à de Jermont.*

Ils se sont parlé ! Faites attention de ne pas vous laisser tromper !

MAZARIN

Monsieur l'ambassadeur : je vous pardonnerai aisément le dérangement que vous m'avez occasionné, si ce que vous devez me communiquer est sérieux et grave.

DE JERMONT

Oh ! c'est très lourd ! Éminence, c'est très lourd !

MAZARIN, *froid.*

Je vous écoute, Monsieur.

DE JERMONT

Voici de quoi il s'agit : Le prince d'Orange..... — Le prince d'Orange, qui est mon auguste maître, m'a confi... m'a confié une mission extraordinaire... Je suis, n'est-ce pas donc, parti en chaise de poste... Nous avons accompli un voyage très intéressant, n'est-ce pas, Paw ?

PAW

Oui, très intéressant.

DE JERMONT

Je ne saurais pas vous dire, comme j'étais heureux !... Je voyais des bois élancés et pointus, avec des branches embrouillées, n'est-ce pas, Paw ?

PAW

Oui, très embrouillées.

DE JERMONT

Je voyais aussi des lacs...

MONTAIGU

Oh ! Monsieur, il n'est pas question de lacs.

MAZARIN, *bas à Montaigu.*

Laissez donc !

DE JERMONT

Ah ! Éminence, nous étions bien heureux, moi et mon secrétaire !... Et quand nous avions approché de la France, nous voyions encore des montagnes assez élevées et des rivières suffisamment pleines d'eau.

MONTAIGU, *impatienté.*

Monsieur ! non ! pas de montagnes !.... J'espère que ce n'est pas pour cela que vous nous avez fait venir ici ?

PAW (*montrant de Jermont*).

Monsieur l'ambassadeur aime beaucoup la poésie.

MONTAIGU

Mais enfin, ce n'est pas pour ça...

DE JERMONT

Vous êtes dans la raison, Monsieur !... En effet, je venais entretenir Son Éminence d'une chose beaucoup plus lourde.

MONTAIGU

Enfin ! — Parlez-nous de la chose... lourde !

DE JERMONT

Je venais vous parler du Congrès pour la paix qui se tient en ce moment à Munster.

MAZARIN, *avec douceur.*

Eh bien ! voyons, Monsieur.

DE JERMONT

C'est une chose très secrète, Éminence.

MAZARIN

Bien, Monsieur !

DE JERMONT

Je dis très secrète ;... et c'est la raison pourquoi je vous ai demandé de venir ici... Comme ça, nul homme ne pourra savoir même que je me suis rencontré avec vous.

MAZARIN

Enfin ! qu'est-ce, Monsieur ?

DE JERMONT

Voici : Le prince d'Orange, mon auguste maître, il ne veut pas que les délégués des Provinces-Unies se rendent à Munster avant un mois d'ici, c'est-à-dire avant le 30 septembre, contrairement au désir de l'ambassadeur français qui nous pressait de les expédier (5).

MONTAIGU

Comment ! c'est trop fort ! c'est pour cela que vous nous avez fait venir ici, en pleine forêt ! C'est tout ce que vous avez à nous dire !

DE JERMONT

Mais oui !

MONTAIGU

Mais, c'est se jouer du monde! c'est une mystification!

DE JERMONT

Une mystification?... Oh! ça, je ne sais pas!

PAW, *à part.*

Il n'a pas l'air heureux, le secrétaire!

MONTAIGU

Est-ce que les murs du Louvre ne pouvaient entendre une pareille confidence, qui a si peu d'importance? Était-ce la peine de nous faire sortir de Paris, pour cela?... Enfin, Monsieur, vous aviez une autre raison... je ne comprends pas votre raison.

DE JERMONT, *riant lourdement.*

Je vous l'avouerai bien franchement; j'ai pensé en moi-même que c'était beaucoup plus original de venir ici.

MONTAIGU

Alors! Monsieur! c'est de la farce; il faudra réparer cela!

PAW, *à part.*

Il est méchant, le secrétaire.

MAZARIN, *bas à Montaigu.*

Du calme, Montaigu!... C'est du temps perdu, il est vrai; mais vous allez voir comme je m'en vais le rattraper!... (*Haut et ironique.*)... En effet, Monsieur l'ambassadeur, c'est très fort!

DE JERMONT, *flatté.*

Oh! Éminence!...

MAZARIN

Vous avez assurément un talent tout particulier pour faire de la diplomatie... Avec cela, une bonne prononciation, des mots très justes et beaucoup de fond dans les idées...

DE JERMONT

Éminentissime Cardinal! vous exagérez...

MAZARIN

Du tout !

DE JERMONT, *bas à Paw*

Eh bien ! Paw, tu as entendu les louanges ?

PAW

Je suis bien heureux pour vous !

MAZARIN

Maintenant, Monsieur, pour ce qui est du Congrès de Munster, je pense que les délégués Hollandais retarderaient beaucoup la conclusion de la paix, en ne s'y rendant pas avant un mois ! Je pense même... que c'est, peut-être, la secrète intention de votre gouvernement.

DE JERMONT, *protestant.*

Comment pouvez-vous supposer...

MAZARIN, *à part.*

Il nie ! C'est bien cela ! (*Haut.*) Mais moi, Monsieur, j'eusse beaucoup désiré que vos délégués soient à leur poste avant cette époque... Est-ce impossible ?

DE JERMONT

Oui !

MAZARIN

Bien !... Montaigu, donnez-moi ce qu'il faut pour écrire !... (*Il rédige une convention.*) Vous voyez, Monsieur l'ambassadeur, je suis en train de rédiger un acte qui fera convention entre nous, de ce que nous aurons décidé relativement à ce qui nous occupe en ce moment !... (*Écrivant en tête.*) 30 août 1643... (*Levant la tête.*)... Vous disiez donc, Monsieur l'ambassadeur, que les délégués Hollandais ne peuvent se rendre à Munster avant le 30 septembre ?

DE JERMONT

C'est cela !... Paw ! posez de côté cette chandelle, ça fait du mal aux yeux. (*Paw enlève la lumière de la table à laquelle Mazarin écrit.*)

MAZARIN, *s'arrêtant et protestant.*

Mais...

MONTAIGU

Eh bien! voyons, vous êtes fou! (*Il prend la lumière des mains de Paw, et la remet sur la table.*)

PAW

Comment?

DE JERMONT, *bas à Paw.*

C'est ennuyeux, cette chandelle: ça fait du mal aux yeux!

MAZARIN, *après avoir écrit, lisant.*

Voici!... « Il est convenu que les délégués Hollandais ne rejoindront pas les délégués Français à Munster, avant le 30 septembre de la présente année... »

DE JERMONT

Très bien! Très bien!

MAZARIN, *continuant à lire.*

Il est également convenu que ce sont les délégués Français qui rejoindront les délégués Hollandais... (*bas*) le 12 du même mois ». — (*A part.*)... Comme ça! je les avance de quinze jours!... (*Haut.*) C'est bien cela?

DE JERMONT, *sans avoir relu la convention.*

Oui! c'est cela!

MAZARIN, *présentant la plume.*

Voulez-vous signer, Monsieur?

DE JERMONT, *la prenant et signant.*

Merci, Excellence!

PAW, *bas à de Jermont.*

Eh bien! il est roulé.

DE JERMONT, *se frottant les mains.*

Oui! oui!

MAZARIN, *bas à Montaigu.*

Vous avez compris ! Il est roulé ! — *(Aimable, s'adressant à de Jermont.)* Et maintenant, Excellence, je suis grandement charmé d'avoir fait votre connaissance :... j'espère traiter encore avec vous les affaires de nos gouvernements !... Je donne demain une grande chasse dans la forêt de Saint-Germain ; voulez-vous me faire l'honneur et le plaisir d'y assister ?

DE JERMONT

Oh ! certainement, n'est-ce pas, donc ? *(A part.)* On m'avait bien dit que cet homme était si aimable.

MAZARIN

Messieurs ! notre entrevue est terminée...

MARCEL, *entrant précipitamment.*

Messieurs ! j'accours tout essoufflé !... Il y a une troupe de gens à cheval que je viens de voir traverser la vallée... Ils montent par ici !

MONTAIGU

Une troupe dans la nuit !... Est-ce que l'on saurait par hasard que vous êtes ici ?

MAZARIN, *ému.*

Peut-être !... Partons !

DE JERMONT, *très ému.*

Ce sont des brigands !... Mais, c'est affreux.

MAZARIN

Venez avec nous, Monsieur l'ambassadeur !

MONTAIGU

Mais, il ne faut pas retourner à Paris ;... nous serions exposés à les rencontrer.

MAZARIN

C'est vrai ! — Où irions-nous plutôt ?

MONTAIGU

Une idée ! — Demandons asile à la duchesse de Longueville qui habite Montmorency : .. elle est de vos amis... nous y serons en sûreté,

MAZARIN

En effet, Messieurs !

MARCEL, *revenant du dehors.*

Dépêchez-vous ! ils approchent ! Tournez par la gauche et prenez ensuite la route : vous irez droit chez Madame de Longueville.

MAZARIN

Oui ! partons ! — *(Ils sortent précipitamment.)*

MARCEL

Enfin ! Pourvu qu'il ne leur arrive rien de mauvais... Ils me plaisaient, ces gens-là... J'aime bien leurs têtes... des têtes d'honnêtes gens... On en voit si peu !

SAINT-YBAR, *entrant.*

Comment ! ils sont partis !... comme ça ! sans dire adieu !... As-tu deviné ce qu'ils peuvent bien être ?

MARCEL

Ma foi, non !

SAINT-YBAR

Un d'entre eux a une figure qui ne m'est pas inconnue.. Je ne sais plus où j'ai vu ça !

MARCEL

Qu'importe ! (*Minuit sonne.*) Déjà minuit !

SAINT-YBAR

Je vais me recoucher.

MARCEL

Ne partez pas !... il y en a d'autres qui viennent.

SAINT-YBAR

Il y en a d'autres qui viennent ! Ah ça ! mais c'est une nuit qui va me rapporter... (*Allant à la porte.*) Tiens ! C'est vrai !... Oh ! mais ! y en a-t-il !... Et ces chevaux... ces armes ... Ce doit être quelque chose pour moi, ça !

SCÈNE VI

SAINT-YBAR, MARCEL, BEAUFORT, QUELQUES HOMMES ARMÉS.

SAINT-YBAR

Entrez, Monsieur, mais pas avec tous vos hommes, il n'y aurait pas de place pour tout le monde.

BEAUFORT, *jeune, élégant, couvert d'un manteau.*

Dites-moi ! mon cher Saint-Ybar !

SAINT-YBAR

Ah ! ça ! vous me connaissez ! vous !

BEAUFORT, *riant.*

Eh bien ! vous aussi, vous me connaissez. (*Il rabat son manteau.*)

SAINT-YBAR

Monsieur de Beaufort !... Vous avez quelque chose de grave à me dire ?

BEAUFORT

Oui ! Vous n'auriez pas vu deux hommes, ce soir, dans les environs ?

SAINT-YBAR

Mais si !... ils sont venus chez moi !

BEAUFORT

L'un grand, pâle, noir... l'autre blond.

SAINT-YBAR

C'est ça !

BEAUFORT

Où sont-ils ?

SAINT-YBAR

Mais ils viennent de partir.

BEAUFORT, *à ses gens.*

A cheval ! Messieurs ! à cheval !

MARCEL

Inutile!... Il y a longtemps qu'ils sont partis.

SAINT-YBAR

Comment ?

MARCEL

Mais oui!... vous dormiez!... Je vous dis qu'il y a longtemps qu'ils sont partis... et sur de bons chevaux!

BEAUFORT

Ah! trop tard! Notre coup est manqué!

SAINT-YBAR

Comment!... il s'agissait d'un coup ?

BEAUFORT

Mais oui! c'était le Mazarin!

SAINT-YBAR

Le Mazarin! Ah! j'aurais dû m'en douter!

MARCEL, *à part.*

Mazarin!... Je lui ai sauvé la vie!

BEAUFORT

Bah! il faut que pour demain nous trouvions autre chose!... Tenez, Saint-Ybar, je reste avec vous,... nous allons travailler ça ensemble! — Vous,... vous pouvez retourner à Paris;... mais je vous attends demain matin chez moi, car rien n'est fini.

UN HOMME ARMÉ

Et la paye, Monsieur le duc ?

BEAUFORT

Demain! demain!... Partez! (*Les hommes armés sortent.*)

SCÈNE VII

SAINT-YBAR, MARCEL, BEAUFORT

BEAUFORT

Dites donc, Saint-Ybar !... vous avez une glace ?

MARCEL, *donnant une glace.*

Voilà !

BEAUFORT

Merci, jeune homme !... Il est aimable ce valet ! (*Se regardant dans la glace.*) Voyons, que je répare un peu le désordre de ma toilette !... Cette course à cheval dans la nuit m'a bouleversé la figure et les cheveux. (*Il arrange ses cheveux.*)

SAINT-YBAR

Ce Beaufort !... toujours aussi coquet !

BEAUFORT

Oui !... Quand on peut l'être, c'est une ressource ! C'est comme ça que je suis si populaire aux Halles !... Et qui sait... peut-être un jour ces dames m'aideront-elles à faire des barricades !... Là ! voilà qui est fait !... Causons maintenant !

SAINT-YBAR

Ah ! çà ! m'expliquerez-vous votre arrivée subite ?

BEAUFORT, *montrant Marcel.*

Mais ce jeune homme ?... Est-il discret ?

SAINT-YBAR

Oui ! Oui !

BEAUFORT, *gai.*

Bien !... en deux mots, c'est bien simple !... Hier soir, nous avons eu une petite réunion : il y avait là Madame de Chevreuse, Madame de Montbazon et moi. Elles avaient pris pour l'occasion un air...

SAINT-YBAR

Un air d'importance?

BEAUFORT, *souriant.*

C'est ça! C'était au sujet du Cardinal, naturellement!... Nous avons résolu de le tuer... c'est bien simple!..

MARCEL, *à part.*

Ah! Dieu!

BEAUFORT

Je savais, par un de ses domestiques, qu'il devait se rendre ce soir dans cette forêt pour une négociation secrète... Alors, je suis venu avec des hommes armés!... C'est bien simple!

SAINT-YBAR

Si j'avais su cela!... Il était là, tout à l'heure,... dans mes mains... Rien de plus facile,... à nous deux, rien de plus facile... n'est-ce pas, Marcel?

MARCEL, *hésitant.*

Oui!

BEAUFORT, *le regardant.*

Comme il tremble, ce garçon-là!... Mais vous savez, mon cher, la partie n'est que remise... Ce Monsieur me gêne, moi et tous les Importants... Il faudra bien qu'il déguerpisse, ou du royaume... ou de la vie.

SAINT-YBAR

Ce serait un beau coup!... Dis donc, Marcel, pour tes débuts?

MARCEL, *à part.*

Quoi! il voudrait...

BEAUFORT

Vous savez qu'il y a une prime de 25,000 livres pour celui qui nous débarrassera de cet homme. C'est Madame de Chevreuse, elle-même, qui l'a promis, et qui remettra l'argent après le coup.

SAINT-YBAR

Ah!... de ses belles mains!

BEAUFORT

Oui ! avec son angélique sourire...

SAINT-YBAR, *songeur.*

Vous avez dit... 25,000 livres... Nous pourrions... peut-être... faire cela !

MARCEL, *à part.*

Le misérable !

BEAUFORT

C'est curieux ! . je pensais justement à vous !

SAINT-YBAR

Trop aimable vraiment !... Et pour quand ?

BEAUFORT

Mais le plus tôt semble le mieux... Il y a chasse demain dans la forêt de Saint-Germain... le cardinal y assistera ;... il faudrait profiter de l'occasion.

SAINT-YBAR

C'est vrai !

BEAUFORT

On pourrait susciter quelque bagarre,... pendant laquelle on mettrait à mal le personnage en question !... Ensuite, on crierait à l'accident... et l'on détournerait ainsi les soupçons.

SAINT-YBAR

Parfait !... Quelqu'un dans la mêlée se trouverait là, bien à point, avec ce bon couteau bien effilé (*il tire son couteau*) et le lui planterait dans le cœur !

BEAUFORT

Tout juste !... Et ce quelqu'un ?

SAINT-YBAR

Eh bien ! ce sera moi !... ou lui ! (*Montrant Marcel.*)

MARCEL

Oh ! non !... je vous en supplie !

SAINT-YBAR

Ah ! ça !... voilà que ça te reprend !

MARCEL

Tout ! tout excepté cela !...

BEAUFORT

Dites donc ! jeune homme ! vous m'avez l'air bien sentimental !... Quand on a l'honneur d'être au service de Monsieur de Saint-Ybar, il faut savoir être prêt à tout !

MARCEL

Je suis prêt à tout, Monsieur,.. sauf à faire le mal !

BEAUFORT, *riant aux éclats.*

Ah ! ah ! ah !

SAINT-YBAR, *gouailleur.*

Ça a peur du sang ! vous savez ! C'est jeune !... c'est tendre... mais il faudra bien qu'il se décide quand même !

BEAUFORT

Enfin, qui de vous deux frappera ?... Il faut que je le sache pour l'argent...

SAINT-YBAR

Oh ! pardon !... de toute façon, c'est moi qui ai l'argent !

BEAUFORT, *riant.*

Je ne sais pas, mon cher... je ne sais pas.

SAINT-YBAR, *furieux.*

Comment, vous ne savez pas ? Alors, vous trouverez quelqu'un d'autre que moi... et vous ne me confierez plus vos secrets... parce que sans ça...

BEAUFORT

Mais non... je plaisantais !

SAINT-YBAR

Ah ! très bien !... Enfin, je vous dis, ce sera lui ou moi. — (*A part.*) J'aimerais mieux que ce soit lui, parce que si l'affaire manquait, et que le cardinal en réchappe... — (*Haut.*) Tiens! j'ai une idée, Marcel... pour tranquilliser tes scrupules... j'ai une bonne idée... nous allons tirer au sort.

BEAUFORT

Parfait! comme ce sera amusant!... Je vais faire deux petits billets, n'est-ce pas, et sur l'un d'eux je tracerai une croix rouge... Ce sera le bon! (*il prend deux papiers et se dispose à tracer la croix.*)

SAINT-YBAR, *bas à Beaufort.*

Faites une croix sur chaque billet : il tirera le premier... (*Haut à Marcel.*) Eh bien! c'est une chance qui te reste!

MARCEL

C'est vrai!...

BEAUFORT, *à Marcel.*

Voilà qui est fait, mon cher!.. Je les mets dans mon chapeau!... Tirez maintenant!

MARCEL, *ému.*

Oh! non!

BEAUFORT

Allons! du courage!

MARCEL, *à Saint-Ybar.*

A vous d'abord!

SAINT-YBAR

A toi!

MARCEL, *tremblant.*

Mon Dieu! mon Dieu!... (*A Beaufort.*) Monsieur!... avez-vous bien mêlé?... C'est de bonne foi, n'est-ce pas? (*Il s'approche pour tirer.*)

SAINT-YBAR

Allons, prends donc!

MARCEL

Je tremble! (*Il va pour mettre la main dans le chapeau, puis se ravisant.*) Non, à vous! .. Tirez le premier!

SAINT-YBAR, *criant.*

Tu es fou !... voyons !... Tu as une chance d'échapper !... Tout à l'heure... quand j'aurai tiré ... tu ne l'auras plus peut-être.

MARCEL

Ah ! c'est vrai ! (*Reculant.*) Mais je vais tirer le rouge !

BEAUFORT

Allons ! prenez !

SAINT-YBAR *l'air décidé.*

Eh ! je vais tirer, moi !. . je vais prendre le blanc. (*Il va pour tirer.*)

MARCEL, *l'arrêtant.*

Non ! non ! laissez !... J'y vais... (*Il s'avance presque défaillant et prend brusquement un billet.*) Le voilà !... (*Il le regarde avec terreur.*) il est plié ;... on ne voit rien.... Ah ! c'est le blanc,... je vous dis que c'est le blanc !

SAINT-YBAR

Regarde donc bien !

MARCEL

Comment ?... Est-ce que ce serait le rouge ?... (*Gémissant.*) Ah ! il me semble que cette croix me brûlera le visage et qu'elle restera dans mes yeux éternellement gravée... Ah ! le signe de l'espérance et de la rédemption sera pour moi un signe d'infamie... et une marque de sang !

BEAUFORT

Ce jeune homme a l'âme bien troublée !

SAINT-YBAR

Je l'ai toujours connu comme ça !

MARCEL, *tremblant.*

Alors,... j'ouvre !...

SAINT-YBAR

Eh ! oui ! finissons-en !

MARCEL, *haletant.*

Oui ! oui !... attendez ! *(Il ouvre lentement, puis poussant un cri.)* Oh ! c'est... c'est... c'est moi ! *(Il tombe à genoux.)*

BEAUFORT

Comme il souffre !... Je ne comprends pas ces caractères-là !

SAINT-YBAR

Moi ! non plus ! par exemple !... Tiens ! bois ça !... Tu n'as pas de chance ! mon garçon !

MARCEL, *se relevant soudainement.*

Après tout !... tant pis !... je n'irai pas !

SAINT-YBAR

Tu n'iras pas !... tu ne veux pas frapper ?

MARCEL

Non !

BEAUFORT, *avec un dégoût affecté.*

Ah !... jeune homme ! tenez... vous êtes un lâche !

MARCEL, *blessé.*

Un lâche !... *(Froidement.)* Un lâche, vous croyez, Monsieur !... *(Soudainement.)* Soit, je le tuerai, demain, à la chasse... *(Ricanant.)* Oh ! ce sera mon début, un fier début, n'est-ce pas ?... Commencer à mon âge, et commencer par un ministre d'État : un cardinal de la sainte Église... Je parie, Saint-Ybar, que cela ne vous est pas encore arrivé !... Ne craignez rien, j'irai, je serai fort, je le frapperai... je retournerai le fer dans la plaie béante jusqu'au plus profond de son cœur ! — *(Avec rage.)* Non !... mais croyez-vous que je sois vraiment un misérable ? croyez-vous que je sois digne de vous ?

SAINT-YBAR

Ah ! je t'embrasserais bien !...

BEAUFORT

Là ! enfin !... voilà qui est fini ! n'est-ce pas ?... Maintenant, mes amis, permettez-moi de me retirer : j'ai envie de passer une bonne nuit !... Alors, je compte sur vous pour demain,... vous vous joindrez à mes gens... et au moment de la bagarre...

SAINT-YBAR

C'est compris ! Comptez sur moi !

BEAUFORT, *familier, à Marcel.*

Et sur toi aussi, mon garçon ?

MARCEL

Oui !... sur moi aussi !

BEAUFORT

C'est bien ! Adieu ! (*Il sort.*)

SCÈNE VIII

SAINT-YBAR, MARCEL.

SAINT-YBAR

Tu vois que ce n'est pas si dur !... Mais c'est égal, tu m'as l'air passablement exalté... il faudra soigner ça !... Allons, cette fois, je vais me coucher et pour de bon, j'espère !... — Toi ! reste ici ! tu tâcheras de dormir de ton mieux, n'est-ce pas ?... car la journée de demain sera rude. (*Il sort.*)

MARCEL

Ah ! dormir !... Oui, j'ai sommeil... Je voudrais oublier que je suis un assassin !... (*Il s'étend sur sa couchette et ne tarde pas à s'endormir. — Musique lente à l'orchestre... Tout d'un coup, il se soulève, rêvant,... il murmure alors haletant*) : « Pauvre petit, je te laisse « seul sur la terre ! Aie bien soin de rester toujours « honnête et bon... »

(*Rideau.*)

ACTE DEUXIÈME

Un carrefour dans la forêt de Saint-Germain. — A gauche, une petite hutte transformée en taverne; auprès, une table et quelques tabourets. — A droite, une autre table. — Au fond, dans le lointain, une chapelle rustique. — Au lever du rideau les cors jouent un air de chasse dans une partie reculée de la forêt.

SCÈNE I

LE TAVERNIER, *après avoir écouté.*

Quelle superbe journée !... Le soleil brille depuis ce matin !... Avec cela, il y a dans l'air une brise fraîche qui nous fait un temps à souhait. — (*Regardant au loin.*) Le jour baisse ;... bientôt le ciel deviendra, là-bas, et rouge et violet, tandis qu'une brume étendue du firmament jusqu'à la terre mettra sur toutes choses une teinte grise estompée par le soir... L'air sera tout à fait calme... et ces vastes bois se feront majestueux et tranquilles. — Eh bien ! quand je me mets à faire de la poésie, moi... Enfin, je suis content de ma journée... Ce matin, je me suis installé ici, dans cette hutte, avec mes provisions... et tout le monde a visité ma buvette : je n'ai pas sujet de me plaindre,... il n'y a que ce fameux Cardinal !...

SCÈNE II

LE MÊME, PLUS TROIS VALETS DE CHASSE.

1er VALET

Holà !... tavernier ! tavernier !

LE TAVERNIER

Voilà !

1er VALET

On m'envoie vous prévenir que Son Eminence sera ici dans un quart d'heure.

LE TAVERNIER

Son Eminence!... Ah! bravo!... Et qu'est-ce qu'elle prend?

1er VALET

Comment! vous ne savez pas?

LE TAVERNIER

Non!

1er VALET

Mais de la limonade!... Toujours de la limonade!

LE TAVERNIER

Ventre de mes bouteilles! Je n'en ai pas!... Il faudra que j'aille en chercher à l'auberge!...

1er VALET

Eh! vous allez bien nous offrir quelque chose!... Pas de limonade, tu sais.

LE TAVERNIER

Mais oui! quelque chose de dur. Tenez! voilà... (*Il verse à boire.*) Le petit boit aussi? (*Montrant le 3e valet.*)

3e VALET, *tout petit, dix ans.*

Certainement! par exemple!

LE TAVERNIER

Tiens! mon petit loup! (*Ils trinquent et boivent*)... Et la chasse?

1er VALET

Superbe, mon maître!... De mémoire d'homme, on n'a rien vu d'aussi royal!... Les chiens sont bien en train, les chevaux sont bien en forme, les sonneurs sont bien en voix...

LE TAVERNIER, *riant.*

Et les valets sont bien ennuyeux ! (*Tous protestent.*)

1er VALET

Depuis ce matin, on a tué plus de cent grosses pièces !... En ce moment, on court au cerf depuis une heure ! L'animal est magnifique.

3e VALET

Oh ! oui !... il a des cornes très longues.

1er VALET

Il serait déjà forcé, si l'on ne retardait la fin de la chasse pour laisser le temps d'arriver à Monsieur d'Orléans qui veut assister à l'hallali et à la curée.

LE TAVERNIER

Et le Mazarin ?

2e VALET

Le Mazarin ! Ah ! ah !... (*Tous rient.*)

LE TAVERNIER

Pourquoi riez-vous ?

2e VALET

Moi, mais parce que...

3e VALET

Parce que c'est l'habitude de rire quand on parle de lui !

1er VALET

Eh bien ! le Mazarin s'est fort bien comporté aujourd'hui ! Il a tué une pièce :... ça ne lui était pas arrivé depuis deux ans.

LE TAVERNIER

Vive le Mazarin !

3e VALET

A bas le Mazarin !

LE TAVERNIER

Eh bien ! quoi ? quoi ?... qu'est-ce qu'il t'a fait, moucheron ?

3e VALET

A moi ? rien ! .. Seulement, je crie comme tout le monde.

LE TAVERNIER

Ah !

3e VALET

Et puis, j'en suis fatigué de cet homme-là :... il fait le malheur de la France !

LE TAVERNIER

Vraiment ?... Où donc est-ce qu'on t'apprend ça ?

3e VALET

Mais partout ! .. Dans la gazette donc !... et dans l'échoppe du potier, au Marais... et dans les Mazarinades.

LE TAVERNIER

Les Mazarinades... Je parie que tu en sais une !

1er VALET

Oui ! oui !... il en sait !

3e VALET

Non ! c'est pas vrai ! je n'en sais pas !... Vous voulez donc me compromettre, vous !

LE TAVERNIER

Allons, vas-y ! mon petit loup !... Ça reste entre nous !

3e VALET

Ça reste entre nous ? c'est bien vrai ?

TOUS

Mais oui ! mais oui !

3e VALET

Alors ! écoutez. (*Il chante.*)

MAZARINADE (6)

REFRAIN

Ah ! le pauvre Mazarin !
La brave tête pelée,
Et la moustache collée !
Ah ! le pauvre Tabarin !

1er COUPLET

On chante ses limonades,
Ses excellentes pommades,
La bonne odeur de son gant,
Son langage fatigant !

(Tous au refrain !)

2e COUPLET

On rit bien de sa calotte,
De sa tête un peu falote,
De ses singes parfumés
Et de ses bonbons gommés !

(Tous au refrain !)

(Ils rient et applaudissent.)

SCÈNE III

LES MÊMES, PLUS BEAUFORT, VARICARVILLE, VILLEROY.

BEAUFORT

Bravo ! les valets !... c'est comme ça que vous vous moquez du Cardinal !

1er VALET, *à part, surpris.*

Oh ! là ! là !... des gens de la Cour... Peut-être ses amis !

BEAUFORT

Après tout... vous savez, ça m'est égal !

1er VALET

Monseigneur ! excusez !... nous partions.

BEAUFORT

C'est ça ! partez. (*Les valets sortent.*) Et toi, tavernier, tu restais ?

LE TAVERNIER

Non !... Son Éminence doit passer ici tout à l'heure, et je n'ai pas de limonade !

BEAUFORT

Il doit passer par ici !... Ah ! très bien !... Eh bien va, mon ami ! va donc chercher ça !

LE TAVERNIER

Je reviens de suite pour vous servir !

BEAUFORT

Oui ! ne te presse pas !... Tiens... (*Il donne une pièce.*)

LE TAVERNIER, *à part.*

Ah !... Un client qui paie avant de boire ! (*Il sort.*)

SCÈNE IV

BEAUFORT, VARICARVILLE, VILLEROY, PUIS SAINT-YBAR, MARCEL.

BEAUFORT

Nous voici seuls ! C'est ce que je voulais !... Vous voyez, Messieurs, tout s'arrange à merveille !... Il viendra ici ! La fortune nous sert : elle le remet entre nos mains.

VARICARVILLE

Enfin, nous expliqueras-tu tes plans ?

VILLEROY

Tu me fais perdre un bon moment... Moi qui aime tant la chasse !

BEAUFORT

Eh bien ! voici ce que nous ferons... Tout à l'heure, quand le Cardinal sera arrivé, nous nous attablerons... Lui se mettra à cette table, par exemple ; (*montrant la table de droite*)... nous, à cette autre, (*montrant la gauche*) avec ses gens... son secrétaire, Montaigu... qui est très imprudent... Là, au bout de quelque temps, j'amènerai la conversation sur un sujet délicat... Sous un prétexte futile, je ferai monter la discussion... nous en arriverons aux injures, et finalement, je tirerai l'épée. A ce signal, Messieurs, vous en ferez autant... comme si vous preniez fait et cause pour moi .. Vous vous battrez contre les gens du Cardinal, et dans la bagarre...

VARICARVILLE

Bien !... Nous le frapperons !

BEAUFORT

Non ! pas vous ! pas vous !...

VILLEROY

Ah ! j'aime mieux ça !... Et qui est-ce qui se charge du coup ?

SAINT-YBAR, *entrant après avoir entendu.*

C'est moi ! Messieurs !... et mon second !

VILLEROY

Saint-Ybar !... Ah ! comment vas-tu, cher ami ? (*Ils se serrent la main.*)

VARICARVILLE

Il y a si longtemps qu'on ne t'a vu !

SAINT-YBAR

Oui ! mais il paraît qu'on me revoit au bon moment !

VARICARVILLE

Et où habites-tu, maintenant ?

SAINT-YBAR

Oh ! dans une forêt...

VILLEROY, *riant.*

Le gentilhomme-loup !

SAINT-YBAR

Eh ! oui... le gentilhomme-loup !

VARICARVILLE

Si tu savais, comme on t'a regretté à la Cour !

SAINT-YBAR

Oui ! ne parlons pas de ça, nous sommes pressés !

BEAUFORT

C'est vrai ! nous sommes pressés ! — Vous avez ce qu'il vous faut, Saint-Ybar ?

SAINT-YBAR

Oui ! oui ! j'ai mes pistolets... C'est lui qui a le couteau, puisque c'est lui qui doit frapper. (*Montrant Marcel.*)

BEAUFORT

Bien !

VILLEROY, *prenant le couteau.*

Mais c'est un couteau de chasse !

SAINT-YBAR

Justement !... nous aussi nous allons abattre une superbe pièce !

BEAUFORT

Charmant !... Et le jeune homme est toujours décidé ?

SAINT-YBAR

Oh ! mais oui... dis donc, Marcel, c'est entendu, hein?

MARCEL, *hésitant.*

Oui !

SAINT-YBAR

Dis-moi ça, autrement !

MARCEL

Eh bien ! oui !

SAINT-YBAR, *menaçant.*

Et puis, n'hésite pas ! tu sais... Parce que moi, je n'hésiterai pas... (*Il montre ses pistolets.*)

MARCEL, *à part.*

Comme ce sera lâche de frapper un homme sans défense... (*Haut.*) Oui ! j'ai promis, j'irai.

BEAUFORT

Bien !... Allons, Messieurs, un peu de cœur et beaucoup de sang-froid !... N'oublions pas que nous servons notre parti en tuant cet homme... (*Souriant.*) Rappelons-nous aussi que nous obéissons aux ordres si charmants de Madame de Chevreuse... qui sera bien satisfaite quand nous lui rapporterons les détails de l'affaire.

VILLEROY

Mais la Reine ?

BEAUFORT

La Reine, mes amis, reconnaîtra le fait accompli !... Mazarin mort : nous aurons les charges, les dignités, et plusieurs places dans le ministère... Le parti des Condé sera décapité, celui des Vendôme au contraire aura le dessus : Beaufort, Villeroy et leurs amis reprendront enfin leur vraie place à la Cour... Ah ! du bruit ! Attention ! Messieurs !... Prenons, devant le Cardinal, l'air le plus naturel et le plus aimable du monde !

LE TAVERNIER, *entrant en courant.*

Il arrive ! Il arrive !... A la limonade ! A la limonade !

BEAUFORT, *regardant.*

C'est lui ! c'est bien lui !

SCÈNE V

LES MÊMES, PLUS MAZARIN (*même costume qu'au premier acte*), MONTAIGU, DE JERMONT, PAW ET QUELQUES GENTILSHOMMES (*tous saluent à l'arrivée de Mazarin*), — PLUS TARD, LE PRINCE GASTON D'ORLÉANS.

MAZARIN, *aimable.*

Ah ! Messieurs !... Monsieur de Beaufort, c'est fort mal de nous avoir quittés !

BEAUFORT

Excusez-nous, Éminence... nous voulions rendre visite à ce brave tavernier !

MAZARIN, *railleur*

Et puis, vous délier un peu la langue... et cela loin de moi !... Ah ! vous faites bien des mystères !

BEAUFORT

Comment pouvez-vous dire... vous, à qui nous disons tout !

MAZARIN, *souriant.*

Tout... ce qui n'est pas important, n'est-ce pas ?

BEAUFORT, *à part.*

Oh ! — (*Haut.*) Éminence, vous avez de l'esprit... et vous avez tort d'en user contre nous.

MAZARIN, *protestant.*

Jamais...

BEAUFORT

Il semble que vous ayez toujours quelque chose à nous reprocher.

MAZARIN

A quoi jugez-vous cela, Monsieur ?

BEAUFORT

Oh ! à rien !... Votre air préoccupé, par exemple, lorsque vous êtes auprès de nous !... Vous avez tort de vous méfier !...

MAZARIN

Ah !

BEAUFORT

Vous ne le croyez pas ?

MAZARIN

Si !... (*Bas à Montaigu.*) Il est bien étrange aujourd'hui !

MONTAIGU

Oui, prenez garde !

MAZARIN, *à Montaigu.*

Vous avez raison. — (*Haut.*) Monsieur de Beaufort, je changerai mon air soucieux... et je prendrai une autre figure ;... mais c'est à condition que vous soyez mon ami !

BEAUFORT

Oh ! (*Il lui baise la main.*)

MAZARIN

C'est à vos actes que je verrai cela !

BEAUFORT

Comptez sur moi... et sur nous, n'est-ce pas, Messieurs !

VARICARVILLE

Oui !

MONTAIGU, *à Mazarin, qui se dirige vers la table de droite*

Resterez-vous longtemps ici, Éminence ?

MAZARIN

Non, je veux seulement prendre quelque boisson fraîche, et aussi attendre Monsieur d'Orléans, qui ne peut tarder maintenant.

MONTAIGU

Bien !... Le moins longtemps sera le mieux !

MAZARIN

Vous craignez à ce point ?

MONTAIGU

Oui !

MAZARIN

C'est de la dérision !... Tavernier !

LE TAVERNIER

Voilà !... Ah ! Éminence, que je suis donc heureux de vous servir ! Et que faut-il offrir à Son Eminence ?... Pas de vin, n'est-ce pas ?

MAZARIN

Non !

LE TAVERNIER

De la limonade, n'est-ce pas ?

MAZARIN, *étonné.*

Qui t'a dit cela ?

LE TAVERNIER

C'est mon petit doigt, Éminence ! *(Il salue, et va chercher la boisson.)*

MAZARIN

Monsieur de Jermont !... et vous, Montaigu !... à cette table ! *(Ils vont à la table de droite.)*

BEAUFORT, *intervenant.*

Permettez, Monsieur le Cardinal... je retiens votre secrétaire et ses amis.

MONTAIGU

Mais, Monsieur !...

BEAUFORT

Mon cher, vous avez été l'hôte de Son Éminence toute la journée ; c'est à notre tour de vous fêter un peu.

MONTAIGU, *à part, étonné.*

Que veut dire cela ?

BEAUFORT

Monsieur le secrétaire, à cette table, avec mes amis. — (*Ils vont à la table de gauche.*) Vous aussi, Messieurs !... Monsieur Paw !

PAW

Merci, Monsieur !... Il est fort civil, ce jeune seigneur ! (*Tous s'assoient à la table de gauche.*)

BEAUFORT, *au tavernier qui passe.*

Allons, tavernier !... Du vin ! Du Champagne !

LE TAVERNIER, *allant servir Mazarin.*

Je sers la limonade !

BEAUFORT

Peste de la limonade !... — (*Se ravisant.*) Ah ! Ah ! Comment donc ?... la limonade d'abord !

VARICARVILLE

Nous sommes très bien ici !

PAW

Oui, on est bien à son aise !

BEAUFORT, *au tavernier qui repasse.*

Allons ! plus vite que ça ! voyons !

LE TAVERNIER, *affairé.*

Ah ! ces buveurs de vin !... (*Revenant.*) Voilà, Messieurs ! (*Beaufort entreprend de causer avec Montaigu : ils sont tous deux au premier plan.*)

DE JERMONT, *à Mazarin.*

Éminence ! permettez que je vous dise deux mots !... Hier soir, n'est-ce pas donc, nous avons signé le traité !... Je partais bien content... et quand je fus rentré chez moi, je dis à mon secrétaire : « Paw, donne-moi donc le papier, afin que je le relise avant de m'endormir...

MAZARIN

Vous avez relu, vous avez eu tort.

DE JERMONT

Oui, j'ai relu... et j'ai bien cru voir quelque chose d'extraordinaire... quelque chose qui était bien dans le traité, mais qui, je crois, n'était pas dans nos conventions...

MAZARIN

Voilà, ce que c'est que de relire... Un bon diplomate...

DE JERMONT

Un bon diplomate...

MAZARIN

Un bon diplomate ne relit jamais la convention qu'il a signée et cela pour trois raisons : la première, c'est qu'il doit être assez sûr de lui-même pour ne s'être pas trompé ; la seconde, c'est qu'il doit être assez sûr de son adversaire, pour n'avoir pas été trompé par lui ; et la troisième enfin, c'est que s'il a trompé son adversaire, ou si son adversaire l'a trompé, il n'y a plus rien à faire une fois que les signatures sont données.

DE JERMONT

Ah ! c'est vrai !... (*A part.*) Cet homme est un génie !... Quel dommage qu'il ne soit pas Hollandais !

BEAUFORT, *montrant Montaigu.*

Enfin, mes amis, regardez !... voilà Monsieur qui ne veut pas admettre que c'était hier le premier quartier de la lune.

VARICARVILLE.

Voilà qui est fort !

VILLEROY

C'est une opinion obstinée !

BEAUFORT

Mais, mon cher Montaigu, je ne comprends pas que, sur une affaire d'aussi minime importance, vous mettiez ma bonne foi en doute.

MONTAIGU

Eh ! Monsieur, excusez !... Je n'ai jamais parlé de votre bonne foi !... J'ai voulu dire que vous pouviez vous tromper !

BEAUFORT

Me tromper !... Comment !

MONTAIGU

Vous avez fait erreur !... Vous ne nous avez pas dit la vérité.

BEAUFORT, *se montant peu à peu.*

En voilà bien d'une autre, maintenant.... vous m'accusez d'avoir menti !... (*Se levant.*) C'est un outrage, Monsieur ! vous devez penser que je ne suis pas d'humeur à le supporter !... (*Il continue à discuter.*)

MAZARIN

Qu'y a-t-il ?

DE JERMONT

Rien !... Une petite bataille de jeunes gens !

MAZARIN

Je ne suis pas tranquille !.... Si Monsieur d'Orléans pouvait au moins arriver !

BEAUFORT

Je vous dis, Monsieur, que je le prends très mal.

MONTAIGU, *se levant.*

Après tout, Monsieur, prenez-le comme vous voudrez ; je me soucie fort peu de vos appréciations !

BEAUFORT

Vous entendez, Messieurs, comme l'on traite un prince du sang ! (*Tous se lèvent.*)

VARICARVILLE

C'est intolérable !

VILLEROY

Est-ce une querelle que vous cherchez, Monsieur ?

MONTAIGU

Du tout ! Je la veux éviter, au contraire !... C'est vous, Messieurs, qui semblez la désirer... et je ne sais pas dans quel but !

BEAUFORT

Dans quel but ? Monsieur ! dans quel but ?...

MONTAIGU

Dans un but fort peu avouable, je suppose !

BEAUFORT

Que dites-vous ?... Insolent !... Valet ! (*Il lève la main.*)

MONTAIGU

Valet !... Vous allez voir, Monsieur le Duc, si mon épée est une arme de valet... (*Il tire l'épée.*)

BEAUFORT

A vos ordres, Monsieur ! car vous l'aurez voulu ! (*Il tire l'épée : tous en font autant.*)

MONTAIGU

Quoi ! Messieurs ! vous tirez vos épées !... Mais, c'est une embuscade alors !... Ah ! traîtres ! Soit ! nous pouvons vous répondre... Messieurs ! à moi ! rangeons-nous de ce côté !... (*Les seigneurs de la suite de*

Mazarin se rangent près de Montaigu, à la gauche extrême de la scène.)... Et donnons une leçon à ces gentilshommes qui se conduisent comme des bandits.

BEAUFORT

Et nous! Messieurs, attaquons! *(Ils croisent le fer.) — A partir de ce moment, et jusqu'à celui où l'on entend les trompettes des chevau-légers annonçant l'arrivée de Monsieur, la scène doit être menée très rapidement et sans arrêt.)*

MAZARIN, *quittant la droite et allant au milieu de la scène.*

Mais! c'est un guet-apens!... Monsieur l'Ambassadeur, vous êtes témoin!...

DE JERMONT

Oui! je suis témoin que ça va mal! — *(A Paw qui s'en va.)* Eh bien! où vas-tu donc?

PAW

Je m'en vais un peu plus loin!

DE JERMONT

Veux-tu rester ici!

PAW

Non! non! je m'en vais!... *(Il sort.)*

LE TAVERNIER, *emportant ses bouteilles.*

Moi aussi! je m'en vais!... Je sauve ma marchandise! *(Il sort.)*

DE JERMONT, *à part.*

Ils me laissent tout seul.

MAZARIN. *au milieu de la scène, s'adressant aux gentilshommes qui se battent sur la gauche.*

Messieurs! au nom du ciel! arrêtez!

BEAUFORT

C'est impossible!

MAZARIN

Pour une discussion futile! C'est une folie!

VARICARVILLE

Impossible !

MAZARIN

Au nom du roi ! je vous odonne de vous arrêter !... Voyons, Messieurs ! écoutez-moi ! (*Il s'adresse aux combattants et parvient à les faire cesser momentanément. Il est toujours au milieu de la scène, mais il tourne le dos à la droite, où se trouvent Saint-Ybar et Marcel. De Jermont est au fond.*)

SAINT-YBAR, *qui pendant la scène précédente est resté à l'écart, s'adresse alors bas à Marcel.*

Allons ! Marcel ! c'est le moment !

MARCEL

Oh !

SAINT-YBAR

Vas-y ! ou sinon !...

MARCEL

Ah ! tant pis ! (*Il s'avance sournoisement, le couteau à la main, se retourne vers Saint-Ybar, qui l'encourage du geste, lève un moment son arme sur le Cardinal, sans être aperçu... hésite... et revient brusquement en arrière.*)

SAINT-YBAR, *bas.*

Eh bien ! voyons ! tu es fou !

MARCEL, *haletant.*

Non ! je ne peux pas... et je ne veux pas non plus !

SAINT-YBAR

Allons ! il n'y a pas une minute à perdre ! Je te dis d'y aller.

MARCEL

Et moi ! je vous dis que je n'irai pas !

DE JERMONT, *revenant du fond et allant à droite.*

Qu'est-ce qu'ils disent donc, ceux-là ?

SAINT-YBAR

Donne-moi au moins le couteau !

MARCEL

Non ! vous ne l'aurez pas !

SAINT-YBAR

Ah ! tu ne veux pas !... Ah ! si, je l'aurai ! (*Il lutte avec Marcel, sans bruit.*) Tiens ! je l'ai... Je m'en vais le tuer !

DE JERMONT, *qui a entendu.*

Grand Dieu !

MARCEL, *à voix basse, se cramponnant à Saint-Ybar.*

Non ! jamais ! jamais !

DE JERMONT, *arrêtant Saint-Ybar.*

Jamais !... Misérable !.... Prenez garde, Éminence !

SAINT-YBAR, *à de Jermont.*

Malheureux !... lâchez-moi donc ! (*Il se dégage et s'enfuit.*)

MAZARIN, *qui parlait aux combattants, se retournant.*

Qu'y a-t-il ?

BEAUFORT, *à part, ayant tout compris.*

Oh ! le coup manqué ! — (*Criant pour détourner l'attention.*) En garde ! Messieurs ! battez-vous ! (*Le duel reprend de plus belle.*)

MAZARIN, *revenant à Beaufort.*

Encore ! arrêtez ! arrêtez, Messieurs ! — (*A ce moment, on entend les trompettes des chevau-légers.*) Ah ! les chevau-légers ! Enfin... Monsieur d'Orléans (7).

UN COUREUR, *annonçant.*

Son Altesse royale, le prince Gaston d'Orléans ! (*On cesse tout combat.*)

BEAUFORT, *à part.*

Malédiction ! le Cardinal est sauvé !

GASTON D'ORLÉANS, *entrant, froid.*

Eh bien ! Messieurs ! que vois-je ? Encore des duels !... Je vous croyais en chasse, et vous vous battez... C'est une infraction aux édits royaux les plus formels !... Expliquez-moi ! Monsieur le Cardinal...

MAZARIN

Hélas ! Monseigneur ! c'est à peine si je comprends moi-même !

MONTAIGU

C'est une lâche agression, Monseigneur !

BEAUFORT

Je vous défends de dire cela !

GASTON D'ORLÉANS, *ennuyé.*

Une agression !... Non, c'est peu probable ! c'est impossible... Enfin ! Je suis venu pour la chasse et non pour m'ennuyer de vos querelles... Allons, remettez vos épées au fourreau... et embrassez-vous, Messieurs !

BEAUFORT, *réclamant*

Ah ! Monseigneur !

GASTON D'ORLÉANS

Finissons-en !

MONTAIGU

Embrassez-moi ! Monsieur le duc ! j'allais vous tuer !..

GASTON D'ORLÉANS

Allons ! Messieurs ! (*Tous se réconcilient.*)... Voilà qui est bien ! Je suis content d'avoir ramené la paix entre vous !... Et, maintenant, ne pensons plus à tout cela !... On m'a attendu pour achever le cerf, n'est-ce pas ?

MAZARIN

Oui ! Monseigneur ! la chasse n'est pas finie.

GASTON D'ORLÉANS

Eh bien ! à cheval ! Messieurs !.. et suivez-moi !... Monsieur le Cardinal, vous monterez à mes côtés, n'est-ce pas ! *(Il s'éloigne.)*

MONTAIGU, *à Mazarin.*

Je vous l'avais bien dit !... On voulait vous tuer !

MAZARIN, *ému.*

C'est affreux ! Vous croyez ?

DE JERMONT, *tremblant.*

Oui !... oui !... vous... vous...

MAZARIN

Eh bien ! parlez !

DE JERMONT

Tout à l'heure !... je ne peux pas !... j'étrangle !...

GASTON D'ORLÉANS, *revenant.*

Allons ! Éminence ! venez !

MAZARIN, *à Montaigu.*

Et vous croyez que c'est Beaufort ?...

MONTAIGU

J'en suis sûr !

MAZARIN, *allant droit à Beaufort, parlant bas avec mépris*

Assassin !...

BEAUFORT

Pourquoi ?

MAZARIN, *même ton.*

Assassin ! — *(Tous sortent, sauf de Jermont et Marcel, tandis qu'on entend de nouveau les trompettes)*

SCÈNE VI

DE JERMONT, MARCEL, puis SAINT-YBAR

MARCEL, *à part.*

Mon Dieu !... vous m'avez épargné le crime, vous me laissez encore l'espoir et la liberté !... Ah ! mettez le comble à vos bienfaits en me rendant à ma vie d'autrefois, aux vertus de mon enfance !

DE JERMONT

Allons ! cela va mieux !.... Je puis marcher maintenant. (*Il va pour sortir, à ce moment Saint-Ybar rentre et le saisit.*)... Ah ! à moi !

SAINT-YBAR

Monsieur l'Ambassadeur !... vous avez surpris nos secrets... Tant pis pour vous !

DE JERMONT, *appelant.*

Au secours.

SAINT-YBAR

Il ne faut pas crier, mon bon diplomate.

MARCEL

C'est infâme ce que vous faites là !

SAINT-YBAR

Toi ! regarde cela ! (*Il montre ses pistolets.*)... Monsieur de Jermont, je vais vous mettre au secret.

DE JERMONT, *tremblant.*

Vous voulez m'assassiner, n'est-ce pas donc ?

SAINT-YBAR

Non !... Là, seulement ! dans cette hutte bien fermée... Vous serez très bien là ! (*Il le pousse vers la hutte.*) Ah ! tu ne veux pas ! (*Il lutte avec de Jermont et, finalement, l'enferme soigneusement.*) Tiens donc ! voilà comme quoi l'on ne fait pas toujours ce que l'on veut !

SAINT-YBAR, *se tournant vers Marcel après un long silence.*

Et maintenant ! à nous deux !

MARCEL

Soit ! à nous deux ! — (*La nuit tombe.*)

SAINT-YBAR

Ainsi !... tu n'as pas voulu faire ta besogne ? Tu avais promis de frapper, tu ne l'as pas fait ! Et pourquoi ça ?

MARCEL

Pourquoi !... vous me demandez pourquoi !

SAINT-YBAR

Parce que tu as eu peur !... parce que tu es un lâche, sans doute !

MARCEL

Oh ! je vous défends de dire cela, Monsieur !... Seulement, quand j'ai vu cet homme tout près de moi, le dos tourné, ne se doutant de rien... Alors, un sentiment de dégoût m'a monté au cœur... J'ai entendu une voix qui me criait : « C'est lâche de tuer comme cela ! »

SAINT-YBAR

Ainsi, tu hésitais !...

MARCEL

Oui !... Alors, j'ai repris mon empire sur moi-même ! En un instant, moi qui m'étais abandonné, moi qui avais promis d'accomplir ce meurtre, je me suis ressaisi entièrement !... et je me suis juré que je n'en ferais rien !... Qu'est-ce que vous voulez ? On a beau avoir fait le mal,... il y a des moments où il vous revient quelque chose d'irrésistible, une vieille poussée d'honneur et de vertu, à laquelle on est bien heureux de céder pour une fois !

SAINT-YBAR, *riant.*

Ah ! ah ! Toujours tes sentiments !

MARCEL

Oh ! ne riez pas de cela !... Si vous aviez du cœur, Monsieur ! vous sauriez que c'est là souvent la dernière planche de salut de bien des misérables !... Vous sauriez que dans la vie, tout ce qui est grand et tout ce qui est beau vient de l'esprit, c'est vrai !... mais vient surtout du cœur !

SAINT-YBAR, *ironique.*

Tu me fais pitié ! tiens !... Enfin ! soit !... tu n'as pas voulu tuer le Cardinal... Maintenant, pensons au présent !... Qu'est-ce que tu crois que je m'en vais faire, moi ! hein ?

MARCEL

Cela m'importe peu !

SAINT-YBAR, *contenu.*

Oh ! cela t'importe beaucoup !... Qu'est-ce que tu crois que je m'en vais faire de toi ?... pour t'apprendre à désobéir à mes ordres. — (*Éclatant.*) Enfin ! voyons ! il faut bien que je me venge !

MARCEL

Si vous voulez !... Seulement vous ne vous vengerez que d'une seule façon !... Je vous permets de me tuer ; mais je ne vous permets pas plus longtemps de capter ma liberté et ma conscience !

SAINT-YBAR

Que veux-tu dire ?

MARCEL

Je veux dire que si vous ne prenez pas ma vie, je veux dire, Monsieur de Saint-Ybar, que je vous quitterai et que je m'en irai seul, vivre de ma propre existence !

SAINT-YBAR, *furieux.*

Ah ! jamais ! Est-ce qu'un esclave brise ainsi ses chaînes ?... Est-ce que tu crois m'échapper de la sorte ?... Tu sais bien que je te tiens.

MARCEL

Alors !... tuez-moi !

SAINT-YBAR, *ironique.*

Vraiment !... C'est à ce point... c'est à ce point-là que tu me détestes !... (*Narquois.*) Mais sais-tu que tu n'es qu'un ingrat !

MARCEL

Comment ?

SAINT-YBAR

Oui !... tu oublies que je t'ai sauvé de la misère !

MARCEL

Mieux vaut la misère dans la vertu que l'opulence dans le crime !

SAINT-YBAR

Tu oublies que je t'ai nourri... que je t'ai donné part à nos bénéfices... que je t'ai élevé... Tu oublies tout cela !

MARCEL

Allons donc !... Vous aviez besoin de moi, voilà tout !

SAINT-YBAR, *hypocrite.*

Mais non !

MARCEL

Si ! vous-même l'avez dit !... il vous fallait un misérable, un gueux, qui pût être votre complice, qui n'eût jamais d'intérêt à parler... et vous avez trouvé cela en moi !

SAINT-YBAR

Eh bien ?

MARCEL, *ému.*

Pauvre enfant, que j'étais ! Ah ! pourquoi ne m'avez-vous pas laissé sur la route poudreuse, sur le chemin désert, où je serais mort de fatigue et de faim?... Pourquoi donc avez-vous pris soin de moi si c'était pour perdre ma vie? Pourquoi donc m'avez-vous donné cet argent qui était le prix du vol? Pourquoi m'avez-vous donné ce pain, qui était trempé dans le sang?

SAINT-YBAR

Insensé!

MARCEL

Il y a des natures, Monsieur, cela vous étonnera peut-être, qui passent dans la vie, ignorant le monde et ignorées de lui!... Il y a des âmes qui voient leurs désirs les plus ardents perpétuellement méconnus et contrariés... et qui souffrent profondément de cela!... Je suis ainsi, moi! J'aurais aimé ma famille et tous les miens, j'aurais aimé mes amis plus que moi-même... et j'ai été condamné à vivre sans parents et sans amis!... J'aurais voulu faire quelque chose ici-bas, et répandre sur les autres ma vie et l'intelligence que Dieu m'a donnée... et j'ai été condamné à l'inaction et à la honte... Enfin j'aurais aimé à vivre, honnête et bon... et j'ai été condamné à vivre dans le crime!... Ah! si vous saviez, comme j'ai le dégoût de mon existence!

SAINT-YBAR, *ému.*

Vraiment! à ton âge!... Tiens, je veux être bon!... Tu vas laisser là tes chimères, et moi j'oublierai tout le passé;... tu vas promettre de travailler, et moi je te rattacherai à l'existence;.. tu vas rester auprès de moi... et tu vas essayer une seconde fois de frapper le Cardinal!

MARCEL

Ah! cela! jamais!... Je vous l'ai dit! jamais!...

SAINT-YBAR, *furieux.*

Misérable!... Tu ne veux pas?... Ah! et puis, après tout, va-t-en!... tiens!... Je n'ai pas besoin de toi! je ferai ma besogne tout seul! Demain, je le chercherai, je le trouverai, j'irai jusque chez lui, s'il le faut, jusqu'à l'hôtel de Clèves... et là, je le tuerai, ton Mazarin.

MARCEL, *énergique.*

Ah ! non ! par exemple !

SAINT-YBAR

Ah ! bah ! et qui m'en empêchera ?

MARCEL

Moi !

SAINT-YBAR

Toi ! allons donc !... et comment ?

MARCEL

Eh bien ! parce qu'avant vous, je serai à l'hôtel de Clèves... et que moi-même je dirai tout au Cardinal.

SAINT-YBAR, *furieux.*

Traître !... c'est qu'il le ferait comme il le dit ! — (*Il le prend.*) Ah ! tu veux nous livrer, moi et les Importants !

MARCEL

Oui ! si Dieu me prête vie !

SAINT-YBAR

Ah ! tu veux !... — (*Mettant son pistolet contre la poitrine de Marcel.*) Veux-tu toujours nous trahir ?... Dis-le donc maintenant... même devant cette arme !

MARCEL, *exalté.*

Oui ! oui ! oui !

SAINT-YBAR

Eh bien ! non ! non ! (*Il tire et le blesse.*)

MARCEL, *chancelant.*

Ah ! blessé !... et blessé grièvement... — (*Il tombe à genoux... puis très doux.*) Ah ! comme vous avez bien fait de tirer ! Voyez-vous ! il fallait cela pour arranger vos affaires, et les miennes ! Comme je vous remercie !... — (*Se couchant presque... puis haletant.*)... Oh ! je suis bien mal ! Je vais mourir ! Mon Dieu ! recevez-moi là-haut ! Vous voyez... après tout... est-ce que... je ne meurs pas pour le bien ? .. est-ce que... je ne suis pas un peu martyr ?... (*Défaillant*)... Mère !... si tu m'entends... dans le ciel.... tu dois être contente ! Tu vois !... je suis .. resté... honnête et bon... même... au prix... de ma vie !... (*Il s'affaisse brusquement. Au loin on entend l'hallali.*)

SAINT-YBAR, *tremblant.*

Oh ! l'hallali !... C'est ainsi que l'on sonne la mort !

SCÈNE VII

SAINT-YBAR, BEAUFORT, PUIS UN MOINE

BEAUFORT

Saint-Ybar ! je vous cherchais... (*Apercevant Marcel étendu à terre.*) Ah ! qu'est-ce ?

SAINT-YBAR

Vous ne le reconnaissez pas ?

BEAUFORT, *ému.*

Dieu ! Qu'avez-vous fait ?... Vous l'avez tué !

SAINT-YBAR

Que voulez-vous ?... Il le fallait : il savait nos plans !... pis que cela, il voulait les dévoiler !...

BEAUFORT

Comment ?

SAINT-YBAR

Il voulait s'échapper !... nous livrer, moi, vous, tous les Importants !... Alors je l'ai tué !

BEAUFORT, *d'une voix étranglée.*

Oh ! Alors, vous avez bien fait !

SAINT-YBAR, *nerveux.*

Vous voyez ! vous-même le dites !... Maintenant !... Ce n'est pas tout !... Ce corps nous embarrasse !... Qu'allons-nous en faire ?

BEAUFORT, *avec appréhension.*

Mais..., il me semble..., ce que l'on fait de tous les corps !

SAINT-YBAR

Quoi !

BEAUFORT

L'enterrer !

SAINT-YBAR

Comment ?... à nous deux ! et pour creuser sa tombe ?...

BEAUFORT

Impossible, en effet !... Ah ! si ! tenez ! là ! près de cette hutte de bûcheron ! il y a des outils : une pioche et une pelle !

SAINT-YBAR

Oui ! ne perdons pas de temps. (*Allant à la hutte et prenant les outils.*) Aidez-moi !... Où ferons-nous ça ? (*Montrant les coulisses au premier plan.*) Là ! tenez !

BEAUFORT

Oui ! là ! (*Ils travaillent tous deux quelque peu entrés dans la coulisse. — En même temps que les coups de pioche, on entend chanter au loin dans la chapelle, le premier verset du* De Profundis !)

SAINT-YBAR, *revenant en scène.*

Dites donc ! Monsieur de Beaufort ! entendez-vous ce chant ?

BEAUFORT

Oui ! C'est le *De Profundis !*... Là-bas ! un peu plus loin, dans cette chapelle rustique !... C'est bien en rapport avec les circonstances, n'est-ce pas ?

SAINT-YBAR

Oui ! travaillons !

SAINT-YBAR, *quand le chœur a cessé.*

Là ! voilà qui est fait ! (*Ils déposent tous deux leurs outils, puis revenant à Marcel.*) Aidez-moi ! maintenant !

BEAUFORT, *regardant Marcel.*

Oh ! c'est affreux !... si jeune !... si beau !...

SAINT-YBAR

Allons !

BEAUFORT

Pauvre enfant ! (*Ils jettent sur lui un manteau, et lentement, à deux, sans efforts, ils le traînent dans la coulisse où ils ont creusé, et près de laquelle Marcel est tombé.*)

SAINT-YBAR

Quelques pelletées de terre et cela suffira !

BEAUFORT, *revenant en scène.*

Croyez-vous que cela suffira ?... Il faudrait au moins une croix !...

SAINT-YBAR

Mais non !... ce serait un indice !

BEAUFORT, *ému.*

C'est vrai !... Alors !... quelques fleurs !... ces deux simples guirlandes, tout de même, entre-croisées !... Là !... comme cela !... (*Il jette les guirlandes sur la tombe.*) Misérable créature !... être si pur et si droit !... que ces fleurs jetées en croix sur ta tombe, par les mêmes mains qui t'ont ravi l'existence, soient un guide, une protection à ton âme meurtrie ! Puissent-elles être aussi, pour tes bourreaux, comme une faible espérance d'obtenir un jour le pardon de leur crime !

SAINT-YBAR

Allons, venez !

BEAUFORT *va pour sortir, puis reculant.*

Oh !... un moine qui vient par ici ! (*Second verset du* De Profundis, *tout à fait en sourdine.*) — (*S'adressant au moine qui traverse la scène.*) Pardon, mon père !... où allez-vous de ce côté ?

LE MOINE

Je vais à la chapelle prier pour un mort !

BEAUFORT

Ah !... et qui enterre-t-on là-bas ?

LE MOINE

Un pauvre jeune homme de dix-huit ans, qui est mort hier !

BEAUFORT

Eh bien !... mon père !... priez aussi pour ceux qui sont morts aujourd'hui. (*Le moine s'incline et s'éloigne.*)

SAINT-YBAR

Partons ! voyons !

BEAUFORT

Oui ! Auparavant, un mot !... Qu'allez-vous faire maintenant que le Cardinal nous a échappé ?

SAINT-YBAR

Ce que je vais faire !... Mais je vais recommencer l'aventure !

BEAUFORT

Comment ?

SAINT-YBAR

Eh !... je ne sais trop !

BEAUFORT

Écoutez !... c'est pour cela que je vous avais rejoint ! Demain soir, il y a fête dans sa demeure à Paris, à l'hôtel de Clèves ; si vous pouviez y aller ?

SAINT-YBAR

Comment m'introduire ?

BEAUFORT

C'est là... le difficile !

SAINT-YBAR

Oh !... une idée !... Sous le déguisement de Monsieur de Jermont ?...

BEAUFORT

Monsieur de Jermont ?...

SAINT-YBAR

Oui ! J'ai assez sa voix !... j'ai sa taille !... je changerai mon visage !...

BEAUFORT

Et ses vêtements, ses insignes ?

SAINT-YBAR

Eh bien ! je les mettrai !... Il est enfermé là. (*Montrant la hutte. — De Jermont frappe et crie dans sa prison.*)... Vous l'entendez ?

BEAUFORT, *riant.*

Ah ! bah !...

SAINT-YBAR

Mais oui !... Comme il savait notre histoire, j'ai jugé bon de le mettre au secret, jusqu'à ce que tout soit fait !

BEAUFORT

L'idée est excellente... en effet !... Vous mettrez donc ses habits... vous ne ferez semblant de rien,... vous aurez une arme cachée sous vos vêtements.

SAINT-YBAR

Oui !

BEAUFORT

Vous entrerez dans les salons, et quand vous serez là !...

SAINT-YBAR

Quand je serai là ! je tuerai le Cardinal ! ..

(*On entend le 3e verset du* De Profundis, *chanté en sourdine, tandis que le rideau se baisse lentement.*)

ACTE TROISIÈME

Un salon de l'hôtel de Clèves, demeure de Mazarin, pendant une fête brillante. — Au fond, une porte donnant sur un couloir très éclairé. — Un guéridon, chaises et fauteuils.

SCÈNE I

TROIS GENTILSHOMMES

1ᵉʳ GENTILHOMME, *entrant.*

Venez par ici ! Messieurs !... Dans ce salon, nous pourrons être seuls pendant quelques instants.

2ᵉ GENTILHOMME

Mais de quoi s'agit-il ?

1ᵉʳ GENTILHOMME

De quelque chose qu'on ne peut voir qu'en secret... de ce livre !

3ᵉ GENTILHOMME

Un livre ?... un livre séditieux, alors !

1ᵉʳ GENTILHOMME

Oui !... quelque chose de très fort ! une sorte de satire violente de toute la Cour et des personnages qu'on y rencontre !... Cela a paru hier, chez un libraire dont je vous tairai le nom !... et cela est tellement curieux que je ne puis résister au plaisir de vous en lire quelques lignes.

3ᵉ GENTILHOMME

Quelle bonne idée !... Asseyons-nous, Messieurs !

2ᵉ GENTILHOMME

Et quel est le titre ?

1ᵉʳ GENTILHOMME

Rien que le titre est amusant à en mourir !... « Catéchisme de la Cour de Mazarin. » (8)

3e GENTILHOMME

En effet! il doit y avoir là des choses drôles... et méchantes.

1er GENTILHOMME, *lisant.*

Tenez! voici de plaisantes définitions! — « Qu'est-ce qu'un huissier?... C'est un homme qui se réjouit du mal d'autrui et que l'on peut enrichir à coups de poings. »

2e GENTILHOMME

Bravo! c'est bien dit! je le répéterai au mien!

1er GENTILHOMME

Écoutez ceci!... « Qu'est-ce qu'un roi?... C'est un homme qui ne sait jamais son métier! — Qu'est-ce qu'un valet?... Un mal nécessaire! — Qu'est-ce qu'un page?... Un serviteur qui est d'aussi bonne maison que son maître! — Qu'est-ce qu'un pédant?... Un animal indécrottable! »

3e GENTILHOMME

Cette expression a une saveur particulière!

1er GENTILHOMME

Voici qui est plus piquant! — « Qu'est-ce qu'un médecin?... Un honorable bourreau! — Qu'est-ce que le mariage?... Le martyrologe des vivants! — Qu'est-ce que Paris?... Le paradis des femmes, le purgatoire des hommes, et l'enfer des chevaux!... » — Et ceci, c'est le mot de la fin! — « Qu'est-ce qu'un premier ministre?... L'idole de la Cour! » (*Tous rient.*)

3e GENTILHOMME

Ah! par exemple! ça, c'est de l'ironie pure.

1er GENTILHOMME

Comment?

3e GENTILHOMME

Oui! je connais un premier ministre qui est si peu l'idole de la Cour, qu'on intrigue contre lui depuis six mois, et qu'hier encore, il a failli être assassiné.

5.

2e GENTILHOMME, *avec une vive curiosité.*

Ah ! bah !... le Cardinal ?

3e GENTILHOMME

Tout juste !... L'attentat a eu lieu pendant la chasse, dans la forêt de Saint-Germain !... Il paraîtrait même que Monsieur de Beaufort est très compromis, là-dedans !

2e GENTILHOMME

Lui tout seul ?

3e GENTILHOMME

Eh ! que non !... Tous les Importants sont du même coup très suspects.

1er GENTILHOMME

Je le pense !... Et l'affaire en reste là ?

3e GENTILHOMME

Du tout !... Ce matin au petit Conseil, le Cardinal s'est vivement plaint à la Reine, de ce que sa vie ait été menacée par Beaufort et toute sa cabale !... Anne d'Autriche d'abord fut vivement émue, un flot de sang lui monta au visage, elle parut très troublée ; puis, peu à peu, son indolence ordinaire reprit le dessus et elle essaya d'atténuer les choses, en faisant au Cardinal de vagues protestations... Mais celui-ci, qui désirait une réponse plus ferme, se leva soudainement, et la figure très grave, il prétendit que, puisque sa vie était en danger, il préférait abandonner les affaires et même quitter la France... L'effet de cette déclaration fut immédiat : la Reine promit de défendre son ministre contre toute nouvelle intrigue, elle lui accorda une garde d'honneur qu'il demandait depuis longtemps... « Vous verrez, dit-elle, devant deux fois vingt-quatre « heures, comme je me vengerai des tours que ces « méchants amis me font !... » (9) Et elle fit appeler Monsieur de Beaufort qu'elle retint avec le Cardinal, pendant deux heures entières !

1er GENTILHOMME

Ah ! quel sermon !

3e GENTILHOMME

Quand Mazarin sortit des appartements de la Régente, il était rayonnant... et Monsieur de Beaufort, au contraire, semblait tout déconfit !... A la suite de ces événements, il avait d'abord été question de décommander la fête de ce soir ; mais le Cardinal, très gai, très heureux, a déclaré, au contraire, qu'elle devait être plus belle et plus fastueuse que jamais !... Voilà pourquoi l'on danse là-bas, pourquoi l'on joue et l'on rit... avec un peu de contrainte, toutefois !...

2e GENTILHOMME

Oh ! oui, j'ai vu sur les figures un certain air de gêne... presque d'effroi !

3e GENTILHOMME

Surtout Monsieur de Beaufort... qui est là !

1er GENTILHOMME

Comment ! il est venu ?

3e GENTILHOMME

Mais oui ! la Reine a exigé que l'on ne fît semblant de rien, ni du côté du Cardinal, ni du côté des Importants... et tout le monde, amis ou ennemis, se coudoie ce soir dans ces salons, le sourire sur les lèvres...

2e GENTILHOMME

Et la haine dans le cœur !

1er GENTILHOMME

Oui ! à la place du Cardinal, je me tiendrais sur mes gardes !... Qui sait si, parmi cette foule élégante, il n'y a pas quelque obscur assassin ?

3e GENTILHOMME

Chut ! quelqu'un !

SCÈNE II

LES MÊMES, PLUS PAW.

PAW, *désolé, avec volubilité.*

Hélas ! faut-il donc qu'il y ait sur la terre une pareille malédiction semblable à la mienne !... Ah ! Seigneur de mon âme ! je suis un infortuné secrétaire !... Dites, Messieurs, ne l'auriez-vous pas aperçu quelque part ?

1er GENTILHOMME

Qui est ce pauvre garçon ?

2e GENTILHOMME

C'est le secrétaire de Monsieur de Jermont. — (*A Paw.*) Qu'avez-vous, mon ami ?

PAW

Ah ! Messieurs !... dites !... ne l'auriez-vous pas rencontré ?... N'importe où !... dans la cave ou dans le grenier, dans la ville ou dans les champs, sur le trône ou sur la paille, sur la terre ou dans la lune !... Ne l'avez-vous pas rencontré ?... ne l'avez-vous pas vu ?

3e GENTILHOMME

Mais qui ?

PAW

Mais lui ! lui !

3e GENTILHOMME

Mais qui ça ? lui !

PAW

Eh bien ! celui que j'ai perdu hier à la chasse, en plein jour, sans savoir ni pourquoi ni comment !

3e GENTILHOMME

Ah ! vous avez perdu... un beau chien, sans doute ?

PAW

Oh ! Monsieur ! ce n'est pas un chien !... c'est un ambassadeur !

2e GENTILHOMME

Vous avez perdu hier un ambassadeur à la chasse !

PAW, *pleurant.*

Hélas ! oui !... Monsieur de Jermont, mon ambassadeur !...

1er GENTILHOMME

Il perd la tête !... Voilà une histoire bien étrange !... Voyons, mon garçon !... et vous ne l'avez pas retrouvé ?

PAW

Si je l'ai retrouvé ?... Mais je vous dis non, Monsieur !... Depuis cette chasse terrible, il n'est pas revenu à la maison ;... il n'est pas venu manger la soupe hier soir !... il n'est pas venu coucher cette nuit !... il n'est pas venu manger ce matin !... Je ne sais pas où il a mangé aujourd'hui !

1er GENTILHOMME

Quelle disgrâce !... Attendez toujours ici, peut-être va-t-il reparaître ce soir !... En tout cas, voyez autour de vous... demandez !... interrogez !... le Cardinal peut-être...

PAW

Ah ! oui, le Cardinal ! Je vais lui parler, moi !

(Un laquais annonçant : Son Éminence le Cardinal Mazarin ! — Tous se rangent et saluent.)

SCÈNE III

LES MÊMES, PLUS MAZARIN *(en grand costume de Cardinal, robe et calote rouges, avec le ruban et la croix du Saint-Esprit sur la poitrine. — On peut lui conserver le costume laïque.)* — MONTAIGU... PUIS BEAUFORT ET SES AMIS... PUIS QUELQUES GENTILSHOMMES.

MAZARIN

Bonsoir, Messieurs !... Êtes-vous contents de ma fête ? êtes-vous contents de moi ?

1er GENTILHOMME

Ravissante soirée ! Éminence !

MAZARIN

Allons, tant mieux !... Montaigu, venez donc vous asseoir de ce côté !... (*Ils vont s'asseoir au premier plan, à droite.*)

1er GENTILHOMME, *voyant entrer Beaufort.*

Ah !... Monsieur de Beaufort !... Comme il est pâle !...

2e GENTILHOMME

Il a vieilli de dix ans !...

3e GENTILHOMME

Et ses amis !... Voyez !... Ils vont se mettre dans un coin... comme des enfants qui boudent.

MAZARIN

Eh bien !... Montaigu !... pensez-vous que je ne sois pas le vainqueur, ce soir... Tous ces gens-là, qui ont voulu m'assassiner hier, dansent aujourd'hui dans mes salons... et il n'y en a pas un seul qui ne s'incline et ne sourie quand je passe...

MONTAIGU

Vous êtes heureux ! Éminence !

MAZARIN

Je suis radieux !... La reine a été si bonne pour moi, ce matin !... Vous savez, c'est presque mon triomphe définitif, c'est presque la ruine de mes ennemis.

MONTAIGU

Sauf que ces gens-là sont encore ici avec leurs mêmes ambitions, leurs préjugés, leurs rancunes... Ils sont encore plus redoutables depuis ce matin, car il est certain qu'ils n'ont pas subi une pareille humiliation sans désirer de la venger.

MAZARIN

Que croyez-vous ?

MONTAIGU

Je crois qu'ils méditent encore quelque chose ! Avez-vous remarqué Monsieur de Beaufort ? sa figure est altérée, résignée presque ; mais ses yeux ont toujours une flamme inquiétante... une flamme sourdement haineuse !

MAZARIN

Vous avez raison ! Je l'ai blessé trop profondément pour qu'il l'oublie jamais ! .. Soyez assuré que je me méfie !... Je les guette, lui et les autres... et à la première velléité de leur part... cette fois, je ne les épargnerai pas !

MONTAIGU

Et vous aurez raison !

MAZARIN, *debout.*

Croyez enfin que si j'en suis venu à cette extrémité, c'est qu'il ne s'agit pas seulement de moi dans toute cette affaire, mais bien de l'État tout entier... Sans parler de ma mort, songez aux maux incalculables qu'une intrigue de cette sorte pourrait amener... et pardonnez-moi alors les rigueurs que je dois employer pour la tranquillité et pour le salut de la France.

MONTAIGU

Ceux qui vous jugeront bien, vous pardonneront de même.

PAW, *à Beaufort.*

Monsieur le duc !... Excusez !... Je voudrais vous dire quatre mots !...

BEAUFORT, *surpris.*

A moi ! pourquoi ?

PAW

Pardon !... vous semblez très harassé ! Je vous dérange peut-être ?...

BEAUFORT

Non !... J'ai passé une mauvaise nuit !... Qu'y a-t-il ?... Parlez !... parlez donc !...

PAW

Vous étiez à la chasse, hier... n'est-ce pas ?

BEAUFORT, *à part.*

Cet homme m'effraie. — (*Haut.*) Hier !... Oui, j'étais à la chasse... pourquoi ?...

PAW

Alors, vous pourriez bien sûr... vous pourriez me donner des renseignements sur mon pauvre Monsieur de Jermont que j'ai perdu !

BEAUFORT

Monsieur de Jermont !... (*A part.*) Ah ! cette coïncidence ! (*Tremblant.*) Moi !... Mais je ne sais rien !... Je vous assure que je ne sais rien !

MAZARIN

Comme vous tremblez, Monsieur de Beaufort !... Vous êtes affreusement pâle !

BEAUFORT, *à part.*

Oh !... Cet homme !... (*Haut.*) Je suis pâle, Éminence, parce que je me souviens encore des paroles de la reine, à mon égard, ce matin... et parce que je ne puis oublier que c'est vous qui en êtes la cause !

MAZARIN, *menaçant.*

Monsieur !...

BEAUFORT, *de même.*

Éminence !...

MONTAIGU, *s'interposant.*

Allons ! Monsieur de Beaufort ! Tenez-vous ! je vous en prie !... Vous disiez, Monsieur Paw ?...

PAW

Je disais, n'est-ce pas donc ? que j'ai demandé à ces Messieurs... à ces autres-là aussi... à celui qui a un gros nez là-bas... et à Monsieur de Beaufort, s'ils avaient des nouvelles de Monsieur de Jermont qui n'a pas reparu depuis hier !

MAZARIN

Comment, Monsieur de Jermont a disparu !... C'est vrai, je ne l'ai pas vu ce soir !

PAW, *à Mazarin.*

Ah !... Où est-il ?... Au nom de votre Sainte Éminence, dites-moi donc où il est ?

MAZARIN

Moi !... mon ami !... je ne sais... je suis étonné comme vous !... (*A Montaigu.*) Serait-ce encore un nouveau coup ?

MONTAIGU

Peut-être !...

MAZARIN

Mais dans quel but ?

MONTAIGU

Je l'ignore !... Tout ce que je sais, c'est que nous allons de mystères en mystères, et de crimes en crimes.

BEAUFORT, *à Paw.*

Enfin, Monsieur, ne vous désolez pas !... Il va peut-être venir ce soir... Il n'y aurait rien d'étonnant, à ce que Monsieur de Jermont arrivât au dernier moment ! (*On annonce Monsieur de Jermont.*) — (*A part.*) C'est Saint-Ybar ! — (*Haut.*) Vous voyez !... le voilà, mon ami !... Vous aviez tort de vous désoler ainsi !

SCÈNE IV

LES MÊMES, PLUS SAINT-YBAR

PAW

Ah ! mon maître ! mon excellent maître ! Embrassez-moi ! (*Il saute au cou de Saint-Ybar parfaitement déguisé*)... J'avais peur, mon maître vénéré, que vous n'eussiez été dévoré par des bêtes carnivores... Ah ! je suis bien heureux de vous revoir !... Tiens ! votre barbe a grisonné depuis hier !

SAINT-YBAR

Tu crois !... Mais non !

PAW, *avec volubilité.*

Eh ! là !... comme vous êtes enroué !... Ce n'est rien !... je suis si heureux de vous revoir !,.. je vous soignerai bien maintenant !... je vous ferai de la tisane hollandaise avec des têtes de pavots et des racines de guimauve... Ah ! je suis si heureux !... je vais immédiatement préparer la tisane ! (*Il sort en courant.*)

SAINT-YBAR

C'est ça !... Vas-y ! vas-y ! (*Bas à Beaufort.*) Suis-je méconnaissable, ainsi ?

BEAUFORT, *bas.*

Oui, mais prenez garde !

SAINT-YBAR, *à Mazarin.*

Votre Éminence me pardonnera-t-elle d'arriver ainsi en retard ?

MAZARIN

D'autant plus aisément, Monsieur de Jermont, que l'on dit que vous avez disparu depuis hier !... Je conçois que vous ayez mis un peu de temps à nous retrouver !...

SAINT-YBAR

Oh ! je n'ai pas disparu, j'étais allé me reposer dans quelque auberge des environs de Saint-Germain... et je suis rentré chez moi après.

MONTAIGU, *bas à Mazarin.*

Ne trouvez-vous pas qu'il a perdu un peu de son accent ?

MAZARIN

C'est vrai !... (*A de Jermont en souriant.*) A propos, avez-vous relu encore notre convention ?

SAINT-YBAR

Quelle convention, Éminence ?

MAZARIN

Comment ?... mais le traité que nous avons signé ensemble il y a deux jours !...

SAINT-YBAR, *embarrassé.*

Ah ! oui ! je me rappelle !... je me rappelle !

MAZARIN, *à part.*

C'est curieux !... il l'avait oublié.

SAINT-YBAR

Oui !... je l'ai relu et à ma grande satisfaction, je me suis aperçu que les termes s'accordaient parfaitement avec mes premières intentions !

MAZARIN, *stupéfait.*

Avec vos intentions !... Ah ! vraiment !... (*A part.*) Tiens ! il a changé d'idée ! (*On entend à ce moment un morceau de musique exécuté dans d'autres salons, en sourdine.*) Ah ! Messieurs ! j'entends d'ici une symphonie qui commence là-bas... Voulez-vous écouter cela ?... C'est un plaisir que je vous ai ménagé !... (*A Saint-Ybar, au premier plan.*) Monsieur l'ambassadeur ! passez donc !

SAINT-YBAR

Non ! Excusez-moi ! je me sens fatigué... Je me reposerai un peu.

MAZARIN

Comme vous voudrez !

SAINT-YBAR

Et puis je vous demanderai...

MAZARIN

Quoi ?

SAINT-YBAR

De revenir ici dans un quart d'heure !... Je voudrais vous entretenir d'une grave affaire !

MAZARIN

Comment ! ce soir !... A quel propos ?

SAINT-YBAR

Mais à propos... à propos... de ce traité.

MAZARIN

Encore !... est-ce bien la peine ?

SAINT-YBAR

Oui ! c'est indispensable !... J'ai reçu de nouvelles instructions de mon gouvernement... Revenez, je vous en prie... et tout seul, j'aime mieux ça !

MAZARIN

Oui ! je sais, toujours votre système de petits mystères !... Eh bien ! soit ! à tout à l'heure ! (*Il sort, après tous les gentilshommes qui se sont retirés peu à peu.*)

SCÈNE V

SAINT-YBAR, BEAUFORT

(*On entend toujours, en sourdine, une musique vive et gaie.*)

SAINT-YBAR, *après l'avoir regardé s'éloigner.*

Maintenant ! éteignons tout dans ce salon !

BEAUFORT

Pourquoi ?... Cela le surprendrait trop ?

SAINT-YBAR

Justement ! c'est dans ce moment de surprise, que je frapperai... Il avancera lentement sur le seuil, il s'arrêtera étonné de l'obscurité, et alors...

BEAUFORT

Bien ! bien ! (*Ils éteignent les lumières : nuit à la rampe.*)

SAINT-YBAR, *montrant la porte du fond.*

Mettons-nous près de cette porte... et attendons ! (*Ils s'assoient tous deux.*)

(*Un long silence.*)

BEAUFORT, *à part.*

Oh ! comme cette musique si joyeuse fait un contraste horrible...

(*Un long silence.*)

BEAUFORT

(*A part.*) Ah ! C'est affreux !... (*Se levant pour partir.*) Au fait !... Vous n'avez pas besoin de moi !

SAINT-YBAR

Allons ! est-ce que vous auriez peur !

BEAUFORT

Moi !... Non !

SAINT-YBAR

Restez ! Vous pouvez me servir !

(*Un long silence.*)

SAINT-YBAR, *à part.*

Les minutes, quand on attend dans de pareils moments, semblent aussi longues que des années... Dans la nuit ! avec cette image obsédante du but à atteindre !... Oh ! que c'est long !

(*Un silence.*)

BEAUFORT

Et voilà où la politique m'a conduit !... Qui m'aurait dit que j'en arriverais là ?

(*Un silence.*)

SAINT-YBAR, *à part, se levant.*

Ah ! je n'ai pas perdu mon temps, ces jours derniers ! Hier, un enfant assassiné !... Aujourd'hui un cardinal !... Demain, peut-être un roi !...

BEAUFORT, *à Saint-Ybar.*

Eh bien ! voyez-vous quelqu'un ?

SAINT-YBAR, *regardant.*

Non ! Ah ! si !... Dissimulons-nous plus profondément ! (*Ils s'enfoncent dans la chambre au premier plan, à droite tous deux.*) Ne bougez pas avant moi !

SCÈNE VI

LES MÊMES, PLUS MARCEL

(*Ce dernier entre lentement, la démarche lassée... il tourne dans la chambre, se heurte à une chaise et tombe assis dessus.*)

SAINT-YBAR, *bas à Beaufort.*

Est-ce le Cardinal ?

BEAUFORT

Non !

SAINT-YBAR

Qui est-ce donc, alors ?

BEAUFORT

Je ne sais pas !

MARCEL, *d'une voix traînante.*

Je cherche à me rappeler, si je suis bien vivant !

SAINT-YBAR, *bas à Beaufort.*

Il me semble que je connais cette voix !

BEAUFORT

C'est étrange !... Moi aussi !

MARCEL

O souvenirs funèbres !... rêve ou réalité ?... Comme la tombe était douce !... Dormir !... dormir toujours !... Pourquoi se réveiller ?... Hélas !... il le fallait bien !... Ah ! je vous remercie, mon Dieu ! de m'avoir donné la force d'arriver jusqu'ici !... *(A ce moment Saint-Ybar heurte quelque chose.)* Quoi !... il y a quelqu'un ici !... Qui êtes-vous ?... parlez !...

SAINT-YBAR

Qui es-tu ? toi-même !... Ou démon ou vivant ?

MARCEL, *à part.*

Grand Dieu !... la voix de Saint-Ybar !... Ah !... comme je tombe bien !... *(Haut.)* Qui je suis ?... Je suis un mort !

BEAUFORT

Un esprit ! peut-être ?

MARCEL, *simulant le fantôme.*

Oui !... Je suis un mort !... *(Il marche sur eux, qui reculent pas à pas.)*... J'ai été tué hier !... à l'âge de dix-huit ans... à la tombée de la nuit... dans une sombre forêt !...

SAINT-YBAR

Si c'était !... Non !... C'est impossible !...

MARCEL

Je n'ai pas été tué seulement !... j'ai même été enterré !...

SAINT-YBAR, *affolé.*

Ah !... A Saint-Germain, n'est-ce pas ?

MARCEL

Oui !... Vous ne me reconnaissez donc pas ?... C'est moi que vous avez enterré !... C'est moi, Marcel Aimé.

SAINT-YBAR

Ah ! *(Il pousse un cri de terreur ainsi que Beaufort, et s'adosse convulsivement à la muraille.)*

MARCEL

C'est moi !... Je vous dis que je cherche à me rappeler si je suis mort ou vivant ?...

SAINT-YBAR, *tremblant.*

Non !... Tu n'es qu'une ombre !... tu n'es qu'un fantôme persécuteur !...

MARCEL, *souriant ironiquement*

Vous croyez !... Eh bien ! non... Je suis vivant !...

SAINT-YBAR

Tu mens !... Imposteur !...

MARCEL

Je suis vivant ! vous dis-je !

SAINT-YBAR

Mais, je t'ai enseveli moi-même ! insensé !... On a jeté sur ton cadavre plusieurs pelletées de terre... et même quelques fleurs !...

MARCEL, *exalté.*

Et moi !... sous ce linceul de boue... je me suis réveillé vivant !... moi, j'ai senti la terre glacée qui m'entrait dans les yeux et dans la bouche... j'ai compris que j'étais enterré vivant, et j'ai souffert alors quelque chose de monstrueux, une souffrance d'outre-tombe ! — Puis, le courage m'est revenu, en même temps que la réflexion... La terre qui se trouvait sur moi était à peine tassée... J'ai remué désespérément les bras, luttant contre le sol qui m'étreignait, soulevant le poids qui était au-dessus de ma figure comme un masque d'argile, essayant enfin, par un instinct suprême, essayant de reconquérir la vie !... Et au bout de quelques instants, comme il y avait très peu de terre jetée sur moi, ma main arriva à la surface du sol... et je sentis l'air froid du soir, qui la caressait délicieusement !... J'avais fait une trouée au-dessus de mes yeux !... quelle ne fut pas ma joie, quand j'aperçus le ciel... et une étoile brillante qui semblait me sourire là-haut ! — Alors ! tout pâle... je me soulevai, je me tirai de ma funèbre couche ! je ressuscitai, en un mot ! — Et je me rappelai ma blessure, ma défaillance, des chants lointains... je me rappelai cette angoissante journée dans laquelle je m'étais cru mort !... je me rappelai surtout vos infâmes desseins... la vie du Cardinal menacée... je me rappelai tout !... En un instant, je fus debout ! et je me mis en route vers Paris, vers le Louvre, vers l'hôtel de Clèves ! J'ai mis un jour pour venir, je suis tombé vingt fois sur la route, je n'ai pas mangé ; j'ai su que le Cardinal donnait une fête ce soir... j'ai pensé que vous étiez ici pour le tuer... et comme pour empêcher cela, je m'étais juré de venir... je suis venu !

SAINT-YBAR

Ah ! misérable ! qui ne peut même pas mourir !

MARCEL

Je suis venu aussi pour me venger de mes bourreaux !

SAINT-YBAR, *à part.*

Que va-t-il faire ?... Tout est perdu !... Ah ! non ! — (*Haut.*) De quels bourreaux parlez-vous ?

MARCEL.

Je parle du comte de Saint-Ybar, je parle de vous !

SAINT-YBAR

Vous vous trompez !... je suis Monsieur de Jermont.

MARCEL

Allons donc ! Monsieur de Jermont est garrotté, enfermé dans une hutte... Ce n'est pas lui qui est devant moi !

SAINT-YBAR

Comment ?

MARCEL

Vous êtes Saint-Ybar !... Il n'y a pas deux voix et deux regards comme les vôtres, ici-bas !

SAINT-YBAR

Pourquoi dis-tu cela ?... Tu ne me vois pas !

MARCEL

Je n'ai pas besoin de vous voir !... je vous devine !...

SAINT-YBAR

Mais regarde !... regarde-moi de près !

MARCEL

Ah ! *(Il s'approche de Saint-Ybar et lui arrache sa fausse barbe.)* C'est bien toi !

SAINT-YBAR

Misérable ! je vais...

BEAUFORT, *qui guettait.*

Chut ! voici le Cardinal !

MARCEL

Oh ! Dieu ! — *(Criant.)* Prenez garde ! prenez garde !

SAINT-YBAR

Il ne faut pas crier ! *(Il bâillonne Marcel.)*

MARCEL, *épuisé, tombant à genoux.*

Ah ! ah ! ah !

BEAUFORT

Attention ! Saint-Ybar ! *(Ils s'embusquent tous deux à droite de la porte. Marcel, au moment où Mazarin paraît, se lève d'un bond et se jette au-devant du Cardinal pour l'empêcher d'entrer.)*

MARCEL, *essayant de parler.*

Oh ! oh ! oh !

SCÈNE VII

LES MÊMES PLUS MAZARIN, MONTAIGU ET TOUS LES GENTILSHOMMES

MAZARIN, *s'arrêtant interdit.*

Qu'y a-t-il ?... Pourquoi cette obscurité ?

6

MARCEL, *arrachant son bâillon,*

N'avancez pas, ou vous êtes mort !

MAZARIN

Grand Dieu ! (*Appelant.*) A moi ! Messieurs ! (*On arrive avec des lumières.*) Comment, Monsieur de Beaufort ici !... et ces deux hommes ! (*Saint-Ybar et Beaufort font un mouvement pour sortir.*) Oh ! ne bougez pas !... et vous, Messieurs, gardez bien toutes les issues. — (*A part, allant au premier plan.*) Il se passe ici un mystère terrible que je dois éclaircir. — (*Haut.*) Et d'abord quel est cet homme qui porte les insignes de Monsieur de Jermont et qui n'est pas lui cependant ? Quel est cet homme qui m'a demandé de revenir ici, je ne sais pas dans quel but ?

MARCEL

Je vais vous le dire, moi !

MAZARIN, *apercevant la blessure de Marcel.*

Oh ! cet enfant est blessé !... qu'on le soutienne. (*On le fait asseoir*)... Vous connaissez cet homme, dites-vous ?

MARCEL

Dieu ! si je le connais !... depuis longtemps, hélas !... — Cet homme, Éminence !...

SAINT-YBAR

Vous ne voyez donc pas que ce garçon délire !...

MAZARIN

Silence !...

MARCEL

Cet homme a fait de moi le complice involontaire de son existence de bandit... Cet homme vivait de rapines et de vols dans une forêt ; cet homme a été jusqu'au meurtre, et cet homme est de noble race !... C'est le comte de Saint-Ybar !

TOUS

Oh ! oh !

MAZARIN, *amèrement.*

Ah ! je connaissais le nom, sans connaître le personnage... Je savais que c'était là l'agent secret de mes ennemis, l'exécuteur de toutes leurs basses intrigues... Je ne suis pas étonné de le trouver ici!... (*A Saint-Ybar.*) Et pour quelle raison veniez-vous donc ici, Monsieur?

SAINT-YBAR, *humble.*

Pardonnez-moi! je venais pour...

MARCEL

Il venait pour vous tuer, Éminence!

MAZARIN

Ah! je le pensais!

SAINT-YBAR

Allons donc! ne le croyez pas!... Qui est-ce qui prouvera cela?

MARCEL

Fouillez cet homme... et vous trouverez sur lui un couteau!

SAINT-YBAR

Jamais! laissez-moi!

MAZARIN

Allons! fouillez! (*Deux domestiques fouillent Saint-Ybar et trouvent un couteau.*)

TOUS

Oh! oh!

MARCEL

Donnez-moi ce couteau! Voyez comme il entre bien dans cette gaîne. (*Il prend le couteau de Saint-Ybar, et le fait entrer dans la gaîne qu'il a à sa ceinture.*)

MAZARIN

Et qu'est-ce que cela veut dire?

MARCEL, *à genoux, suppliant.*

Ah! pardon!... cela veut dire, puisque j'ai cette gaîne à ma ceinture, qu'hier, j'avais aussi ce couteau!... cela veut dire, Éminence, que j'avais accepté et promis de vous tuer!

MAZARIN, *avec reproche.*

Comment!... toi aussi!...

MARCEL

Ah ! pardon ! pardon !... Oui ! hier à la chasse,... cet attentat que vous avez vaguement soupçonné,... c'était moi qui étais chargé de l'accomplir.

TOUS

Oh ! oh !

MAZARIN

Qui t'a donc arrêté ?

MARCEL

Oh ! vous savez ! je ne suis pas mauvais dans le fond !... Au dernier moment j'ai reculé !... j'ai trouvé cela si lâche !... (*Haletant.*) Alors, lui ! qui avait tout ordonné, n'est-ce pas ? il a voulu se venger ; il a tiré sur moi,... il m'a blessé... il m'a cru mort ;... il m'a même enterré, Messieurs !

TOUS

Oh ! oh !

MAZARIN

C'est horrible ! Pauvre enfant !

MARCEL

Si j'ai eu une mauvaise pensée, je l'ai cruellement expiée depuis !... Et, comme je me rappelai qu'il avait dit qu'il viendrait ici pour exécuter son crime,... l'idée que je pourrais empêcher cela, et aussi le secours de Dieu, ont fait que je ne suis pas mort sous la terre glacée... Je suis sorti de ma tombe, et pour effacer ma honte, je me suis dit que je viendrais et que je vous sauverais, Éminence !... Vous voyez, je vous ai sauvé !

MAZARIN

Ah ! tu as réparé ta faute, au-delà de toute expiation !

MARCEL

Est-ce vrai ?... Dites-moi que vous me pardonnez !

MAZARIN

Oui ! je te pardonne, enfant !

MARCEL

Merci ! je puis mourir tranquille !

MAZARIN

Mourir ! pourquoi ?

MARCEL

Si ! cette fois, je le sens ;... ce sera pour de bon !... Et puis, voyez-vous,... j'ai été si malheureux sur la terre, que je suis content de mourir !... Ah ! j'ai beaucoup souffert !... Je n'ai connu aucune affection,... pas même celle d'un chien !... Je ne regrette vraiment rien,... sinon que ma vie ait été inutile !

MAZARIN

Ta vie a pu être courte, enfant ! mais elle n'a pas été inutile... Tu m'as sauvé deux fois de la mort !... et en me sauvant tu as servi ton pays pour le bien duquel je travaille... Tu as servi l'État !

MARCEL, *souriant.*

Si c'était vrai !

MAZARIN

Oui ! je veux te récompenser, je veux te donner une suprême consolation. Comment t'appelles-tu ?

MARCEL

Marcel Aimé.

MAZARIN, *enlevant de sa poitrine le ruban bleu du Saint-Esprit, et le passant au cou de Marcel.*

Marcel Aimé, au nom du Grand Maître, je te fais chevalier de l'Ordre du Saint-Esprit ! (*Il l'embrasse.*)

MARCEL

C'est trop de bonheur !... Ah ! merci ! merci !... Emportez-moi !... Je sens que c'est la fin. (*On l'entraîne, tous se découvrent. — Passant devant Saint-Ybar.*) Monsieur de Saint-Ybar, voulez-vous m'écouter ?

SAINT-YBAR

Misérable !... jamais !

MARCEL

Si !... Vous m'avez fait bien souffrir, n'est-ce pas ?... vous avez fait de moi un être sans nom... Je ne vous en veux pas !.. Je vous pardonne tout... (*Il défaille, on l'emporte.*)

MAZARIN, *avec indignation.*

Et voilà de vos victimes, Monsieur de Beaufort, Monsieur de Saint-Ybar !... Croyez-vous que je n'aie pas le droit, au nom même de l'humanité, de me débarrasser de vous !... J'ai été bien patient ! j'ai souffert longtemps sans rien dire, trois fois j'ai failli être assassiné !... mais aujourd'hui, c'est trop ! la mesure est comble, et je m'en vais agir. *(Il s'assied et écrit.)* Montaigu ! allez de suite au Louvre, portez ce mot à la reine, et attendez la réponse ! *(Montaigu sort.)*

BEAUFORT

C'est une basse vengeance !

SAINT-YBAR

C'est une trahison ! *(On entend un murmure hostile parmi ses amis.)*

MAZARIN, *sévère.*

Ne murmurez pas, Messieurs !... Vous oubliez que ces deux hommes entraîneront dans leur chute quelques-uns de leurs amis qui sont ici. *(Silence glacial.)*

SCÈNE VIII

LES MÊMES, PLUS PAW, PUIS DE JERMONT

PAW, *courant avec la tisane.*

Ah !... voilà !... la tisane !... *(Étourdiment à Saint-Ybar.)* Prenez-moi ça !... Prenez ! Vous allez voir !... *(Il regarde Saint-Ybar, et de stupéfaction laisse tomber la tasse.)* Ah !... Et votre barbe ?

MAZARIN

Cet homme n'est pas Monsieur de Jermont !

PAW, *stupéfait.*

Ce n'est pas Monsieur de Jermont !... Mais alors... alors je ne l'ai pas retrouvé du tout !... Mais comment ça se fait ?... Ces habits ?... *(Montrant le costume de Saint-Ybar.)*

MAZARIN

C'est un déguisement hardi, sous lequel ce bandit s'est introduit dans ces salons, et je...

PAW, *en fureur.*

Ah ! grand scélérat !... Tu as pris le déguisement du plus honnête des hommes pour t'en servir dans un but misérable, sans doute !... Espèce de carnaval !

SAINT-YBAR

Le déguisement ! non pas !... C'est le costume même de ton maître.

PAW

Ah ! tu l'as assassiné, alors !... ce pauvre Monsieur de Jermont !... Canaille !... Et moi qui te faisais de la tisane !... (*Pleurant.*) Ce pauvre Monsieur de Jermont, il est mort, sans doute ?

DE JERMONT, *tout déconfit, entrant en manches de chemise, sans chapeau.*

Non ! grâce à Dieu !... je suis tout de même encore vivant.

PAW

Ah ! le voilà !... (*Il va pour s'élancer, puis se ravise.*) Ah ! mais ! c'est-il le bon celui-là ?

DE JERMONT

Eh bien ! Paw, embrasse-moi donc !... Si tu savais, je cherche partout après mon costume !

PAW

Votre costume !... mais le voilà ! (*Montrant Saint-Ybar.*)

DE JERMONT, *terrifié.*

Ah !... mon brigand !... et mon habit aussi !... C'est bien ça !... C'est lui qui m'a renfermé dans la petite maison en bois !... Arrêtez-le !

PAW

Oui ! arrêtez-le !...

DE JERMONT

Monsieur le Cardinal! vous n'êtes pas mort?... Eh bien! cet homme, il avait juré d'attenter à vos jours si précieux!

MAZARIN

Oui! je sais, Monsieur de Jermont!... Je sais tout maintenant!

DE JERMONT

Est-ce que je peux reprendre ma veste?...

MAZARIN

Certainement! (*De Jermont reprend son habit des mains de Saint-Ybar.*)... Vous aussi, vous avez été la victime d'intrigues basses et criminelles.

PAW

Ça ne se passerait pas en Hollande, ces choses-là!

(*On annonce : Son Altesse Royale le prince Gaston d'Orléans!*)

MAZARIN, *à part.*

Quoi! Monsieur lui-même...

SCÈNE IX

LES MÊMES, PLUS GASTON D'ORLÉANS, ACCOMPAGNÉ DE MONTAIGU, ET DE PLUSIEURS GENTILSHOMMES

GASTON D'ORLÉANS, *entrant précipitamment.*

Oh! Éminence! que viens-je d'apprendre?... Comment! on a encore osé attenter à votre personne!... Je suis accouru ici, suivi par plus de trois cents gentilshommes, qui viennent mettre leurs bras et leurs épées à votre service!

MAZARIN

Merci, Monseigneur!... et la reine!

GASTON D'ORLÉANS

La reine est consternée de cet événement!... Elle-même m'a envoyé vous porter sa réponse. (*Tirant une lettre cachetée.*) La voici!...

MAZARIN, *prenant la lettre.*

J'espère qu'elle sera conforme à mes désirs, et qu'elle mettra fin à cette misérable cabale, qui n'a que trop duré ! — (*Lisant*) : « 1er septembre 1643. — Monsieur le « Cardinal,... C'est avec la plus grande émotion que « nous venons d'apprendre le nouveau danger que vous « avez couru ! Il nous est impossible de flétrir suffisam- « ment l'odieux attentat dirigé contre votre personne, « qui nous est si chère !... Comme marque de notre « profond attachement ; en reconnaissance des services « signalés que vous nous avez rendus ; également afin de « débarrasser la Cour et le royaume d'une troupe de « gens que l'on a trop supportés, voici ce que nous avons « décidé : M. le duc de Beaufort sera arrêté sur le champ « par le capitaine des gardes Guitaut, et conduit à Vin- « cennes ; MM. de Villeroy, Varicarville, Béthune et « Montrésor, quitteront le royaume avant vingt-quatre « heures ; M. le comte de Saint-Ybar, considéré comme « un criminel de droit commun, sera de suite conduit à « la Bastille, où l'on procédera contre lui comme de « droit ; quant à Mesdames de Montbazon et de Che- « vreuse, elles devront se retirer dans leurs terres du « Verger... et défense leur est faite de reparaître ja- « mais à la Cour !... Nous espérons, Monsieur le Car- « dinal, que ces mesures vous donneront entière « satisfaction !... Demain, nous vous attendons au « petit conseil, pour y donner telles suites qu'elles « peuvent comporter !... Que Dieu vous ait en sa sainte « garde ! — ANNE D'AUTRICHE, régente ». — Vive Dieu !... Enfin, je suis le maître !

BEAUFORT, *moqueur.*

Oh ! pas pour longtemps.

SAINT-YBAR

Nous reviendrons !... je vous jure !...

MAZARIN, *à Saint-Ybar.*

Pas vous ! vous ne reviendrez pas !... Messieurs ! veuillez exécuter les ordres de la reine. (*Quelques gardes s'avancent, emmènent Saint-Ybar et Beaufort, leurs amis sortent aussitôt.)*

GASTON D'ORLÉANS, *après un silence.*

Croyez, Éminence, que je suis heureux de votre victoire... Je suis tout dévoué à votre cause.

TOUS

Nous aussi ! nous aussi !

MAZARIN

Merci ! Messieurs !... Promettez donc d'oublier vos petites intrigues, vos préjugés, votre mauvaise humeur !... Voulez-vous servir l'État ?... Sachez tenir compte à ceux qui gouvernent des difficultés qu'ils rencontrent ! sachez faire passer les intérêts de la France avant vos intérêts personnels... Allons ! Messieurs ! le promettez-vous ?

TOUS

Nous le promettons !

MAZARIN

C'est bien !... Que Dieu soit avec vous !

UN LAQUAIS, *annonçant.*

Éminence !... Marcel Aimé vient de mourir !...

MAZARIN

Ah !... Prions, Messieurs ! .. C'est un martyr !...

(Tous s'inclinent... musique lente à l'orchestre.)

(Rideau.)

NOTES

(1) Ces vers sont tirés textuellement d'un recueil de *Mazarinades*.

(2) Victor Cousin relate cette particularité dans sa *Vie de Madame de Chevreuse.*

(3) Saint-Ybar, sous le règne de Louis XIII, avait proposé la mort de Richelieu ; il était cité, à cause de cela, comme un héros, par Mme de Chevreuse.

(4) Cette phrase et les suivantes sont tirées de tablettes authentiques du Cardinal Mazarin. (Vict. Cousin, *Vie de Madame de Chevreuse*, chap. IV.)

(5) « Le prince Henri d'Orange manda que l'on pressait trop « les députés hollandais pour le congrès de Munster. » (*Mémoires de Brienne.*)

(6) Cette chanson est presque textuellement tirée d'un recueil de *Mazarinades.*

(7) « Mazarin voulait aller dîner chez le président, à Maisons, « à la campagne ; on devait s'en défaire sur le chemin ; le duc « d'Orléans étant arrivé par hasard, sa présence avait empêché « le coup. » (*Mémoires de Madame de Motteville.*)

(8) Les citations de ce catéchisme sont textuellement tirées d'un recueil de *Mazarinades.*

(9) Parole historique. (*Madame de Motteville.*)

ONSEIL GÉNÉRAL DE LA HAUTE-MARNE

PPORTS DU PRÉFET

ET ANNEXES

pport de la Commission départementale

OCÈS-VERBAUX

DES SÉANCES DU CONSEIL

ESSION D'AVRIL 1908

MÊME LIBRAIRIE

COMÉDIES & DRAMES POUR JEUNES GENS

G. DE WAILLY

Les Deux Devoirs, drame maritime en 3 actes.......... 1 »
Les Deux Honneurs, drame militaire en 3 actes........ 1 »
La Forêt de Bondy, vaudeville en 3 actes............ 1 »

THÉODORE BOTREL

La Médaille du Pilote, drame en 1 acte.............. 1 »
Monsieur l'Aumônier, drame en 1 acte............... 1 »
A qui le Neveu ? comédie en 1 acte.................. 1 »

CLAUDE MASSOT

Pour la Patrie! drame en 3 actes.................... 1 »

CH. LE ROY-VILLARS

Quand les Chats sont sortis... opérette en 1 acte... 1 »
Yvonnik, drame en 3 actes............................ 1 50
Le Secret d'Hurloux, drame en 1 acte................ 1 »
Le Marchand d'Automates, opérette en 2 actes....... 1 »
Une Bonne Farce, comédie enfantine en 1 acte........ 1 »
Le Lutin du Clocher, opérette en 2 actes............ 1 »

ANT. ALHIX

Le Retour d'Ulysse, bouffonnerie homérique en 3 actes.. 1 »

PHILIPPON

Les Fiançailles d'Ésopet, farce en 1 acte........... 1 »

BLAIN DES CORMIERS

Le Homard et les Plaideurs, farce judiciaire en 2 actes 1 »

ANTONY MARS

Son Altesse, comédie-vaudeville en 2 actes.......... 1 »
L'Hôtel du Lac, vaudeville en 2 actes............... 1 »
Le Docteur Oscar, comédie-vaudeville en 1 acte...... 1 »
Monsieur Gavroche, comédie-vaudeville en 2 actes.... 1 »
Tête folle, comédie-vaudeville en 2 actes........... 1 »

COMTE DE LARMANDIE

Le Mystère de la Rédemption, tétralogie évangélique 1 50

CH. BUET

Un Brave! drame en 1 acte............................ 1 »

AUTEUR DU *Voyage à Boulogne-sur-Mer.*

La Chasse à l'Ours, comédie en 3 actes............... 1 »
Les Crampons de Sauvetage, comédie en 4 actes.. 1 »

H. DENIZOT

L'Ile Verte fantaisie comique en 1 acte.............. 1 »
Une Voix d'or, opérette en 1 acte.................... 1 »
Les Cent mille francs de Corniquet, comédie en 2 actes.................................. 1 »

Sur demande envoi franco *du Catalogue.*

CHAUMONT. — Typographie et Lithographie CAVANIOL

www.ingramcontent.com/pod-product-compliance
Ingram Content Group UK Ltd.
Pitfield, Milton Keynes, MK11 3LW, UK
UKHW021109200726
13857UKWH00003B/1142

9 782013 056427